GERDA UND RÜDIGER MASCHWITZ

Aus der Mitte malen – heilsame Mandalas

Anregungen für Kinder, Jugendliche und Erwachsene
Mit 20 Malvorlagen

Kösel

Von Gerda und Rüdiger Maschwitz bei Kösel:

Stille-Übungen mit Kindern. Ein Praxisbuch
ISBN 3-466-36464-7

Gemeinsam Stille entdecken. Übungen für Kinder und Erwachsene
ISBN 3-466-36430-2

ISBN 3-466-36449-3

Druck und Bindung: Kösel, Kempten
Zeichnungen: Eva Amode, München, nach Vorlagen der Autorin
Umschlag: Elisabeth Petersen, München, unter Verwendung eines Motivs der Autorin

3 4 5 6 · 00 99 98 97

Inhalt

Einladung

Liebe Leserinnen und Leser,

vor Ihnen liegt ein Angebot mit vielen Mandalas. – Lange Zeit war der Umgang mit Mandalas fast ein Geheimtip. Die Einstellung dazu schwankte zwischen: »Wie kann man nur ausmalen lassen?« oder »Das hat mit unserer Kultur nichts zu tun.« »Die Erfahrung ist faszinierend.« »So ruhig habe ich die Kinder lange nicht mehr erlebt.« »Mir ging es beim Malen immer besser.« »Der ganze Raum war so friedlich.«

Wer sich darauf einließ, konnte erleben, daß Mandalas ein überraschend intensives Medium sind. Sie sind nicht altersabhängig, haben einen hohen Einladungscharakter, schenken Bestätigung in der Gestaltung, vertiefen innere Ordnungsstrukturen ohne Zwang ...

Und all das fängt tatsächlich fast immer mit dem Ausmalen dieser einfachen Muster an. Wir möchten auch Sie ermutigen, unabhängig von Ihren bisherigen Malerfahrungen, so den ersten Schritt in die Welt der Mandalas zu versuchen und sich von ihren Erfahrungen überraschen zu lassen. Vielleicht erleben Sie Stille, Orientierung, Vertiefung und Freude an der eignen schöpferischen Vielfalt und können verstehen, warum wir sagen:

Mandalas sind in ihrem Wesen heilsam.

Manches mag sich bereits in der ersten Begegnung zeigen, vieles wird sich erst im Laufe der Zeit, beim immer neuen Probieren und Erleben, auftun.

Und dies ist gut so. – Denn Mandalas sind keine schnelle Methode; nein, eigentlich gleicht es einer Entdeckungsreise, Mandalas zu begegnen. Auch uns ist es so ergangen. Wer unsere Bücher zur Meditation und Stille-Arbeit *(Stille-Übungen mit Kindern. Ein Praxisbuch, ^{5}1995. Gemeinsam Stille entdecken. Übungen für Kinder und Erwachsene, 1995)* kennt, weiß, daß Mandalas immer dazugehören. In gewissem Sinne sind die Bücher ein Spiegel unserer immer intensiveren Erfahrung mit Mandalas. War dies am Anfang noch ein Randthema, so hat es zunehmend Raum gewonnen, bis es nun zu dieser Arbeitshilfe geführt hat. Manches haben wir hier aufgegriffen, vertieft und erweitert. Doch werden Sie sicherlich viel Neues entdecken.

Mit diesem Begleitheft möchten wir Sie selbst zu einer solchen Entdeckungsreise ermutigen, Sie dabei begleiten und Ihnen dazu Informationen an die Hand geben, die

- den Hintergrund der Mandalas erhellen und damit ihre heilsamen Wurzeln
- und die vielen kreativen Anregungen für den Umgang mit Mandalas beschreiben.

So laden wir Sie zu einer intensiven Begegnung mit Mandalas ein. Wir wünschen Ihnen Neugierde und Freude im Respekt vor diesem uralten Weg.

Hetzenholz, im November 1995

Gerda und Rüdiger Maschwitz

1. Teil – Hintergrundinformationen

Was ist ein Mandala?

Ist denn nun, so fragen Sie sich jetzt vielleicht, jedes Muster zum Ausmalen ein Mandala? Sicherlich nicht: Die Natur und die ganze Schöpfung sind die großen Vorbilder der Mandalas, die Sie im kleinen abbilden. Gehen Sie doch einmal durch den Garten oder über eine Wiese. Schauen Sie sich nach Margeriten oder Sonnenblumen um, vielleicht ist eine Dahlie oder eine Rose voll erblüht. Da liegt ein gefällter Baum, die Jahresringe am durchgeschnittenen Baumstamm laden Sie zum Verweilen ein. Gehen Sie weiter und werfen einen Stein ins ruhige Wasser und schauen den Kreisen zu, die das Wasser zieht. Da wandert eine Schnecke mit ihrem Haus an Ihnen vorbei, sehen sie sich das Haus doch einmal näher an. Wenn Sie diesen Beschreibungen nachgehen, entdecken Sie Mandalas: Pflanzen, Bilder und Gegenstände, die aus der Mitte erwachsen, auf eine Mitte hin orientiert sind.
Die Schöpfung ist voller Bilder, die um eine Mitte gestaltet sind. Denken Sie an die Planetenbahnen, an Fotografien der Erde, die aus Raumschiffen gemacht wurden, aber auch an Atommodelle und Zellbilder.
Was wir da in der Natur entdecken, hat in Bild und Form auch Einzug in die Gestaltung unserer Umwelt genommen. Besuchen Sie einmal verschiedene Kirchen, vor allem solche im gotischen Baustil, aber auch ganz moderne, und schauen Sie nach gestalteten runden Fenstern, Deckenbildern und Mosaiken im Fußboden. Auch der Grundriß der Kirche selbst oder der eines Kreuzgangs kann das Gefühl des Erbauers für die Ordnungsstrukturen der Welt verraten. – Oder zu Hause: Vielleicht haben Sie selbst ein Rundkreuz mitten in einem Kreis , oder einen Brotteller, auf dem z.B. um eine Ähre in der Mitte die Bitte steht: »Unser tägliches Brot gib uns heute«. Wenn wir uns aufmerksam umschauen, können wir viele solcher Mitte-Bilder um uns herum entdecken. Zur Weihnachtszeit z.B. sind es der Adventskranz und die Strohsterne am Weihnachtsbaum, die Sterne überhaupt, die uns in spielerischer Weise in dieses Abbild hineinnehmen. Apropos Spiel: Auch viele Spiele gestalten sich um die Mitte. Erinnern Sie sich noch an Ringelreihen, Plumpsack, Katz und Maus, Blinzeln und viele andere? Das Spiel im Kreis hatte und hat seine eigene Qualität.

Doch kommen wir zurück zu unserer Ausgangsfrage: Was sind nun Mandalas?
Das Wort Mandala selbst stammt aus dem Sanskrit und bedeutet Kreis und bezeichnet vor allem Kreisbilder, die als Gegenstand der Meditation benutzt wurden. Dieses Wort wurde von *C.G. Jung* auf alle Bilder übertragen, die sich in ihrer Symbolik im Kreis oder im Quadrat eindeutig auf die Mitte zentrieren. C.G. Jung hat die reichhaltigen Erfahrungen dieser Bilder wieder neu erschlossen und auch die therapeutische Dimension der Mandalas beschrieben. Er sah darin das Streben der menschlichen Psyche nach innerer Ordnung und heilsamem Einssein, so wie es in jedem von uns angelegt ist. Und dies nicht erst in der heutigen Zeit, sondern schon von alters her. In vielen Kulturen und in den geistlichen Traditionen aller großen Religionen spielen Mandalas eine wichtige Rolle. Es sind Wegbeschreibungen zur Mitte des Lebens.

Und wie können wir sie entdecken? Gerhard Tersteegen hat diese Bewegung und die Suche nach der Mitte so beschrieben: »Gott ist in der Mitte, alles in uns schweige«.
Uns haben diese Anregungen geholfen, in unserer eigenen Kultur und im christlichen Bereich solche Mandala-Bilder zu entdecken , die die Wirklichkeit des Einsseins entfalten oder wieder zu ihr hinführen. Beide Bewegungen sind im Mandala enthalten. Einiges haben wir auf unserem Spaziergang bereits gestreift. So die Rosetten, die Mandala-Fenster in den gotischen Kirchen ... Sie sind oft eine

Abbildung der Schöpfung und können von innen nach außen oder genauso umgekehrt »gelesen« bzw. entdeckt werden: alles ist aus dem Einen geschaffen und führt wieder zu ihm hin. Viele Fenster sind so gestaltet, daß sie erst mit oder je nach Lichteinfall wirken und Gestalt annehmen. – Daneben gibt es auch Bilder verschiedener Mystiker, die ihre Erkenntnis der Wirklichkeit und der Gotteserfahrung in dieser Weise ausdrücken. Zwei davon – von *Nikolaus von der Flüe* und *Hildegard von Bingen* – finden Sie, auf ihre Grundstruktur zurückgeführt, in den Mandala-Vorlagen wieder.

Auch bei vielen traditionellen Ikonen finden wir das Mandala. Der sogenannte Heiligenschein deutet ebenfalls die Mitte an, er weist darauf hin, daß der Geist Gottes in diesem Menschen wirkt. Einige Marien-Ikonen haben einen Kreis in der Mitte des Bildes – dieser Kreis bedeckt die Mitte des Leibes (Herz- und Schoßraum), und in diesem Kreis ist Jesus gemalt. Oft ist sein Heiligenschein die exakte Mitte des gesamten Bildes.

Ebenso sind viele gemalte Gloriolen in Kirchen nichts anderes als Mandalas. Eine solche Gloriole zeichnet Mandala Nr. 19 nach.

Gibt es Wesensmerkmale oder Grundzüge, die ein Mandala hat, damit es ein Mandala ist? Vier Grundzüge möchten wir benennen:

- Das Mandala hat eine eindeutige Mitte, die Ziel und Ursprung des Bildes ist;
- die Formen sind entweder in Kreisen um die Mitte angeordnet und/oder gehen strahlenförmig von ihr aus.
- Es verbindet Quadrat und Kreis, ebenso die zielgerichtete gerade Linie und die in sich zurückführende Kreislinie.
- Das Mandala ist nicht nur eine Fläche, sondern Abbild eines Raums.

So einfach dies klingt, birgt es doch eine große Vielfalt und Wirkung.

Was schenkt ein Mandala?*

Im folgenden wollen wir einige der Aspekte näher beschreiben, die Sie in der Begegnung mit dem Mandala entdecken können. Mit den Mandalas ist es wie mit vielen in der Tiefe verwurzelten Dingen: sie sind in der Struktur einfach, doch gerade weil sie einfach sind, erlauben sie eine Begegnung auf ganz vielfältigen Ebenen. Ihre unterschiedlichen Aspekte bilden ein Ganzes, doch alle Teile tragen das Umfassende in sich. So kann unsere Erfahrung innerhalb der Ebenen wechseln, je nachdem mit welcher Gestimmtheit und inneren Bereitschaft wir ihr begegnen.

Die Mitte lädt ein – Mandalas schenken Ruhe und Gelassenheit

Sich Zeit zu nehmen, ein schön ausgestaltetes Mandala zu betrachten, dem Licht zuzusehen, das durch ein solch buntes Rosettenfenster fällt, liebevoll Fläche für Fläche zu gestalten – wie auch immer Sie sich dem Mandala nähern, wenn Sie die Einladung des Mandalas annehmen und verweilen, schenkt es Ihnen einen Moment der Ruhe und nach und nach Gelassenheit. Dies ist eigentlich die Grundvoraussetzung in der Begegnung mit dem Mandala, daß wir uns einlassen und es im Innehalten aus der Beliebigkeit herausheben. Nur so kann es seine Wirkung in uns entfalten. Deshalb ist es uns überall, wo wir mit anderen an und mit Mandalas arbeiten, besonders wichtig, daß dies in einer Atmosphäre der Einladung und der Gelassenheit geschieht.

* Wenn wir uns im folgenden auf einzelne Mandala-Vorlagen beziehen, dann verweisen wir auf die im Anhang beigefügten 21 Mandala-Malblätter (Nr. 1 - 21). Sollten Sie mit Gruppen arbeiten, dann können Sie diese Vorlagen auch im 5er-Pack beziehen.

Einladung zum Ausprobieren: Ein Mandala malen

Wenn Sie noch nie ein Mandala ausgestaltet haben, sollten Sie hier innehalten. Warten Sie, bis Sie sich einmal eine Pause gönnen wollen. Suchen Sie sich dann eine der Vorlagen im Anhang aus, die Sie im Moment besonders anspricht.
Welche Farben haben Sie? Wenn Sie wählen können, entscheiden Sie, ob Sie lieber kräftige oder sanfte Farben haben möchten. Wollen Sie kräftige Farben, dann wären gute Malkreiden oder Filzstifte richtig. Oder ist Ihnen mehr nach sanften Farben? Dann nehmen Sie lieber schöne Buntstifte, vielleicht Aquarellfarben oder Wasserfarben.
Lassen Sie sich ganz aus dem Moment leiten. Farbe für Farbe, Fläche für Fläche, ohne daß jemand drängt, etwas von Ihnen erwartet, einfach nur malen ...

Die Mitte wirken lassen – Mandalas schenken Freude und Bestätigung

Dieses einfache Gestalten der Mandalas, ob im Sinne von Ausmalen oder einer der vielen anderen Formen der Gestaltungsmöglichkeit, wie wir sie später noch darstellen werden, sind Gelegenheiten, die Mitte einfach wirken zu lassen . Wenn wir den Schwierigkeitsgrad der Grundstruktur unseren Möglichkeiten anpassen, wird eigentlich jedes Mandala schön. Und etwas Schönes selbst zu gestalten, tut einfach gut. Dies erklärt auch, warum selbst oder gerade Kinder und Jugendliche, denen man keine Geduld oder kein Gefühl für Werte nachsagt, hingebungsvoll an solchen Bildern arbeiten.

Wenn ich beim Malen in der Gruppe in die Runde schaue, habe ich oft das Gefühl, es wird heller im Raum. Die Gesichter hellen sich auf. Wenn alle fertig sind, können sie sich freuen. Mandalas sprechen viele Menschen an, sie sind jedoch ein besonderes Geschenk für Personen, die der Ermutigung, Bestätigung und der Erfahrungen von Schönheit bedürfen. Sie schenken diesen Menschen und uns eigene Ausdrucksmöglichkeiten.

Eine Frage an Sie: Wie ging es Ihnen mit Ihrem ersten Mandala?

Die Mitte suchen – Mandalas schenken Konzentration und innere Sammlung

Es ist erstaunlich: Gerade Menschen, die sich scheinbar nicht konzentrieren können, malen intensiv und konzentriert Mandalas aus. Schon Erfahrungen aus dem Kindergarten zeigen, daß eine liebevoll angeleitete Zeit zum Ausgestalten einfachster Mandalas Kinder zwischen 20 und 50 Minuten voll ausfüllt. Sie sind mit Freude und Liebe dabei und Erzieherinnen berichten immer wieder von der Ruhe, die den ganzen Raum ausfüllte. Voraussetzung dazu ist – wie bei allen Wegen zur Stille –, daß die Kinder dies als eine Einladung zum »Beisichsein« erleben und nicht als beliebiges Beschäftigungsmaterial und Lückenfüller. Einmal darin geübt, können sie sich diese Zeit auch gezielt für sich selbst nehmen. Gleiches gilt für jeden, der sich mit Mandalas beschäftigt.
Dies ist eine Grunderfahrung des Mandala-Malens: Das intensive Malen fördert die innere Konzentration und hilft uns gleichzeitig, alles andere für diese Zeit loszulassen: wie ein Stück Urlaub im Alltag. Doch diese Möglichkeit der Konzentration kann uns noch weiterführen: bis zu einer gelösten inneren Sammlung, aus der intuitives Begreifen und Verhalten folgen kann.
Ein – vielleicht überraschendes – Beispiel dazu finden wir im Neuen Testament: Jesus kommt in die schwierige Situation, daß Menschen eine Frau anklagen und von ihm ein Urteil über diese Frau erwarten (Johannes 8). Jesus geht in die Hocke und malt in den Sand. Aus

dieser scheinbar nachlässigen Haltung und dem banal wirkenden Tun kommt die gesammelte Antwort. Diese Antwort löst das ganze Geschehen schlagartig auf.

Die Mitte zulassen – Mandalas fördern den leiblichen Spannungsausgleich

In Übungen mit Kindern und Erwachsenen erlebte ich mit Mandalas erstaunliche Körpererfahrungen: Mehrmals verschwanden während des Gestaltens Kopfschmerzen oder andere Formen der Verspannung, wie Schulter- und Nackenschmerzen. Kinder, die körperlich eher überspannt und überdreht waren, wurden ruhiger und gleichzeitig gesammelt. Erstaunlich ist auch, daß Kinder, die eher zum Schlaffsein neigen, also Unterspannung hatten, Kraft und Energie aufbauten. Es geschieht nach unserer Wahrnehmung durch die Arbeit mit Mandalas ein Spannungsausgleich! Wer mit der Eutonie (einer Form der Körperarbeit) vertraut ist, würde diesen Zustand beim Gestalten eines Mandalas als eutonisch (d.h. wohlgespannt) bezeichnen.

Die Mitte gestalten – Mandalas schenken Strukturen der inneren und äußeren Ordnung

Wer ein Mandala gestaltet, hält sich an eine vorgegebene Ordnung und gestaltet innerhalb dieser äußeren Strukturen frei sein Bild. Es geschieht also eine innere Bewegung zwischen Freiheit/Individualität und Ordnung/gemeinsamer Vorgabe. Welches Maß an Kreativität dies ermöglicht, wird deutlich, wenn eine Gruppe ein Mandala ausmalt. Die persönlichen Variationen sind so vielfältig, daß es auch in großen Gruppen keine gleichgestalteten Bilder gibt. Oft ist nicht einmal mehr der gleiche Ausgangspunkt, die gemeinsame Grundstruktur zu erkennen. Die persönliche Entfaltung wird erstaunlicherweise durch den offenen Rahmen gefördert und getragen. Vergleiche der Ergebnisse mit entsprechend klarem und durchschaubarem Erziehungsverhalten liegen nahe. Klare Regeln, Strukturen und Vorgaben, die Räume zur Eigengestaltung und Verantwortung frei lassen, fördern die Entwicklung von kleinen und großen Menschen. Der Vergleich geht noch weiter: Eine vertraute und hinterfragbare Struktur muß nicht starr sein, sie kann sich verändern.
Grenzen können erweitert und variiert werden. Dabei kann man am Mandala besonders gut nachvollziehen, daß Veränderungen, die auf dem Vorgegebenen aufbauen, fließend sind und sich immer wieder integrieren lassen.

Eine andere Erfahrung mit der Erweiterung persönlicher Grenzen habe ich bei motorischen Behinderungen gemacht. Durch regelmäßiges Gestalten (konzentriertes Malen) geschahen Erweiterungen und positive Veränderungen. Dabei habe ich Mandalas nicht als Therapie eingesetzt, vielmehr ergaben sich diese Verbesserungen eher nebenbei.
(Ein bewußter therapeutischer Einsatz der Mandalas ist ein eigenes Arbeitsgebiet, das entsprechende Kompetenz verlangt. Dieses Arbeitsheft bezieht sich nicht auf diese Aspekte des Mandalas.)

Einladung zum Ausprobieren: Das Mandala auf das Wesentliche reduzieren

Nehmen Sie sich das Stern-Mandala (Bild 8) heraus und vervielfältigen Sie dieses mehrmals. Schauen Sie sich den Stern in Ruhe an. Verfolgen Sie die Linien und Muster, bis Sie die Grundformen deutlich sehen. Schneiden Sie diese Grundformen heraus und reduzieren Sie dieses Mandala auf seine Essenz, auf das Wesentliche.

Malen Sie nun ein Mandala, das nur aus den Grundformen besteht.

Das Mandala erweitern und variieren

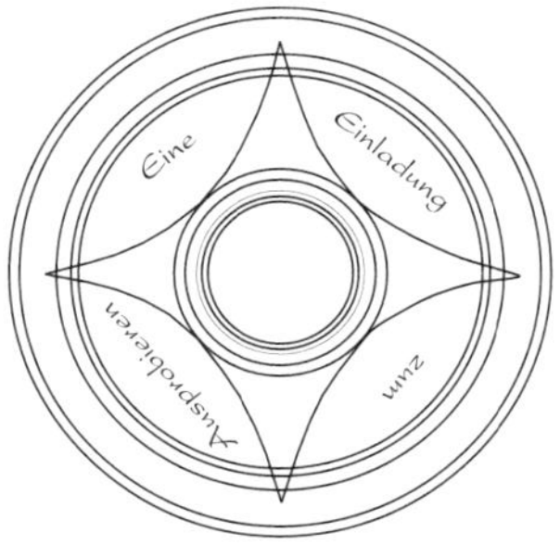

Nehmen Sie die einzelnen kleinen Teile und setzten Sie diese neu zusammen.
Zerschneiden Sie noch weitere Vorlagen, damit Sie noch mehr Grundelemente haben. Vergrößern und gestalten Sie z.B. den Stern mit den vorgegebenen Elementen. Üben Sie, Ihre Blickweise nicht festzulegen, und sehen sie das Bild immer wieder neu. Auch in der Erweiterung sind alle Teile immer wieder neu ein Ganzes.

Gehen Sie noch einen Schritt weiter. Nehmen Sie einen Stift und ergänzen Sie ihr Mandala, so daß es ein für Sie stimmiges Bild gibt. Vielleicht müssen nun einige Linien gelöscht werden.

Die Mitte umkreisen – Mandalas schenken Erfahrungen von Freiheit und Verbundenheit in Raum und Zeit

Bisher haben wir uns mit der sichtbaren Ebene des Mandalas beschäftigt, so wie sie uns in den Malvorlagen begegnet. Bereits am Anfang haben wir jedoch schon erwähnt, daß wir im Mandala ein räumliches Bild sehen können, eben projiziert auf eine zweidimensionale Fläche. Diese Erfahrung können Sie mit den folgenden Übungen einfach nachvollziehen.

Einladung zum Ausprobieren: Mandalas räumlich wahrnehmen

Variante 1: Es gibt kleine kugelförmige Gebilde, sogenannte Draht-Mandalas, zu kaufen. Sie bestehen aus Drahtbögen und Perlen und sind in sich bewegbar und formbar. Wenn Sie die Kugel nehmen oder aus der Kugel ein neues Mandala formen und mit einer Lampe den Schattenriß auf eine Fläche projizieren, dann sehen Sie, wie aus einer räumlichen Gestalt ein zweidimensionales Mandala wird.

Variante 2: Blättern Sie die Mandala-Vorlagen durch und wählen Sie zwei bis drei aus, die Sie besonders ansprechen. Üben Sie, diese Mandalas räumlich zu sehen. Lösen Sie sich von der Fläche und schauen Sie mit weichem Blick auf das Mandala, so, als ob Sie hindurchschauen wollten. Mit der Zeit wird die räumliche Dimension erfaßbar. Malen Sie eines der komplexeren Mandalas aus. Meist wird so der räumliche Aspekt leichter sichtbar.

Variante 3: Schauen Sie ein Mandalafenster in einer Kirche an. Fixieren Sie das Fenster nicht, sondern lassen den Blick wieder offen und weich darauf ruhen. Durch den Eifall des Lichtes wird das Räumliche transparenter.

Das räumliche Sehen des Mandalas eröffnet ganz neue Erfahrungsräume. Wer sich eine Zeitlang mit der räumlichen Gestalt solcher »Urstrukturen« beschäftigt hat, findet sie in vielfältiger Gestalt in seiner Umgebung wieder. Die Übungen im zweiten Teil laden Sie ein, z.B. die Sitzordnung einer Gruppe im Raum, die Raumgestaltung allgemein ebenso wie die Bewegung in einfachen Tänzen oder

den verklingenden Schall eines Gongs als Mandala zu begreifen. Wenn ich meinen Blick dieserart öffne, erkenne ich immer mehr Strukturen, in die ich eingebunden bin.
Dies mag mancher als einengend erleben (so wie manche die Strukturvorgabe eines Mandalas als einengend erleben), doch schenkt das Annehmen dieser Strukturen die Erfahrung von Verbundenheit, Eingebundenheit und gleichzeitig großer Freiheit, sie zu gestalten und auch zu verändern.
Zwei solche große Strukturen, die unser Leben beeinflussen, will ich benennen: die Struktur des Lebendigen – vom Entstehen, Wachsen, Sich-Auffalten und Vergehen (s. dazu den Text: Ein Weizenkorn, S. 40 f.) – und die Struktur der Zeit. Wenn Sie einmal bei diesem Gedanken verweilen, werden Sie merken, wie sehr unsere Einstellung zu diesen beiden Grundstrukturen unsere Lebenseinstellung bestimmt. Beide Grundmuster finden Sie in vielen Mandalas wieder.

Einladung zum Ausprobieren: Die Zeit als Mandala

Unsere alten Uhren zeigen die Zeit in der Gestalt eines Mandalas. Am schönsten stellen sie sich in einem runden Ziffernblatt dar. Die Zeit kehrt immer wieder, sie ist gleich und doch ist jeder Tag anders. Harmonie und Veränderung begegnen sich. Der Zwölfer-Rhythmus drückt in den Stunden eine Vollendung aus und im zweimaligen Durchlaufen schließt sich der Tag. Genauso rundet sich das Jahr im Kreis, also auch ein Mandala. Sie können das Bild ergänzen: Die Jahreszeiten im Vierer-Takt schneiden den Kreis in vier Teile, es erwächst ein Kreuz, die zwölf Monate zeigen wieder die Vollendung.

Einladung 1: Die Zeit malen

Wählen Sie das leere Kreis-Mandala (Nr. 21) und gestalten Sie daraus ein Tages- und ein Nacht-Mandala. Genauso können Sie sich den Jahreszeiten nähern. Es kann sowohl gegenständlich als auch rein farbsymbolisch gearbeitet werden.

Für Kinder kann auch ein Kreuz, z.B. für die Jahreszeiten, als Strukturierungshilfe vorgegeben werden.

Der natürliche, in der Mandala-Struktur sich widerspiegelnde Umgang mit der Zeit ist uns heute weitgehend verlorengegangen. Wir leben die Zeit eher geradlinig (messen sie digital und nicht mehr analog) und können sie deshalb nie einholen. Wir laufen der Zeit nach, gestalten sie nicht in ihrer Wiederkehr und Veränderung. Damit geht der natürliche Rhythmus immer weiter verloren. Das geradlinige Verständnis von Zeit macht krank, weil wir die Zeit nie vollenden, sondern sie zu erreichen, anzuhalten oder zu erledigen versuchen.

Einladung 2 ist deshalb eine Alltagsübung:

Versuchen Sie ganz langsam und bewußt ihre Zeit als Mandala zu begreifen und zu gestalten. Sie werden Ruhe und Stille finden und daraus ihren Alltag verändern.

Die Mitte suchen und finden – Mandalas sind eine Einladung, geistliche Wege zu entdecken und zu gehen

So wie ich in den Grundstrukturen von Zeit und Raum Mandalas erkennen kann, so kann ich umgedreht meinen Blick öffnen und im Mandala Strukturen von Raum und Zeit, Wachstum und Vergehen eingezeichnet finden. Auch inhaltliche und geistliche Erfahrungen finden so ihren Ausdruck. Nicht umsonst sind Mandalas im engeren Sinne reich bebilderte Ausgestaltungen, die zur Meditation hinführen sollen.

Diese Erfahrung, daß Mandalas eine Hilfe und ein Weg zur Einübung eines geistlichen Weges sind, wird z.B. im tibetanischen Buddhismus noch heute genutzt. So sollen das Malen und die Meditation der Mandalas die Übenden auf ihrem Weg in das Geheimnis des Lebens und des Glaubens führen. Dabei sind in den Mandalas nicht nur die Ordnungen dieser Welt verborgen, sondern ist auch der Weg beschrieben, diese zu entdecken. Ein solches Mandala in unserer christlichen Tradition, schlicht und von großer Tiefe, ist das Labyrinth von Chartres *(Bild Nr. 20)*.

Anregung zum Ausprobieren: Von innen nach außen

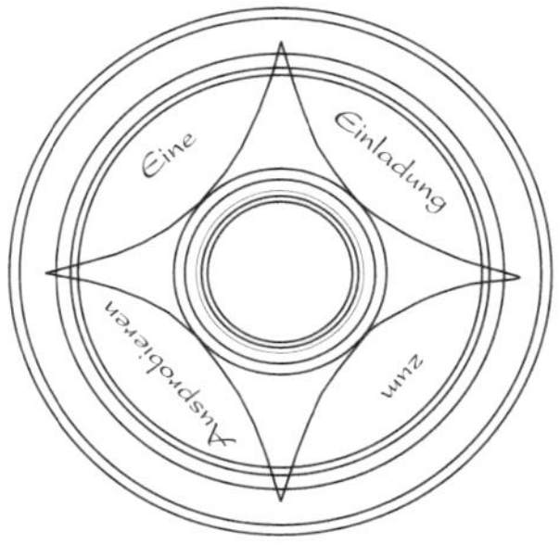

Das Labyrinth von Chartres *(Bild Nr. 20)* lädt Sie ein, die Grundbewegung des Mandalas zu entdecken. Nehmen Sie das Bild und einen spitzen (Blei-)Stift. Der Stift muß nicht malen. Schauen Sie sich das Bild an – halten Sie inne.

Fahren Sie mit dem Stift den Weg langsam entlang. Erleben Sie jede Annäherung, jedes Entfernen von der Mitte ganz bewußt. Sie werden die Mitte finden. Sie brauchen nur ein wenig Geduld mit sich selbst.

Wiederholen Sie diese Bewegung noch einmal.

Vielleicht wollen Sie sich noch mehr Zeit nehmen und den Weg auch ausgestalten. Nehmen Sie Farbstifte und malen den Weg aus. Wählen Sie die Farben, die Ihnen nahe sind.

Zum Abschluß können Sie mit dem Stift den Weg noch einmal ziehen.

Diese Übung versinn-bild-licht die Bedeutung des Mandalas: es führt zur Mitte hin. Der Weg zur Mitte des Lebens wird so in einem kleinen Bezugsrahmen erfahrbar und verwirklicht.

Dabei ist dieser Weg durch das Labyrinth kein Irrweg und auch kein Umweg. Es gibt im Leben keine geraden Linien, sondern nur persönliche – von niemandem zu wiederholende – eigene Wege, durch Licht und Schatten.

Von außen nach innen

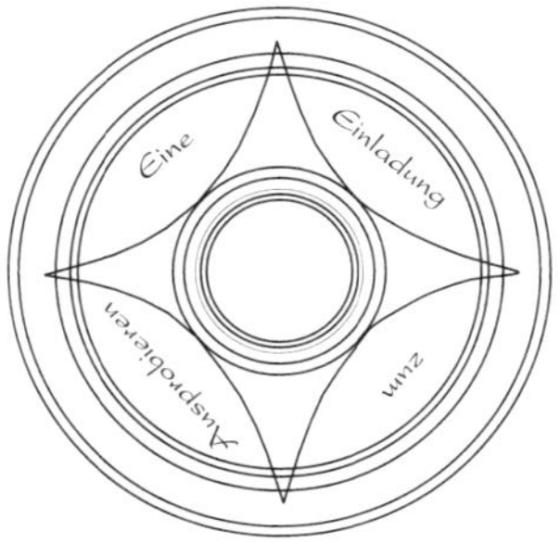

Alle großen geistlichen Traditionen und Wege – im Christentum und auch in anderen Religionen – kennen diesen Weg zur Mitte und beschreiben ihn in Bildern. Solche Bilder, die den Weg zur Mitte, zum Ursprung des Lebens, zu Gott darstellen, sind uns auf der Symbolebene zugänglich.
Nun führt der Weg ja nicht nur zur Mitte hin, sondern auch von der Mitte weg. Beide Wege sind für das Leben wesentlich. Sie gehören zusammen – denn geistliche Wege sind kein Rückzug oder ein Verstecken in der Mitte. Der Weg aus der Mitte führt wieder zu den Menschen und zu allen anderen Geschöpfen.
Das Mandala ist eine Einladung: Unser Leben darf eine Bewegung werden, die den Weg zur Mitte kennt und den Weg von der Mitte zu allen anderen Bereichen des Lebens.

Probieren Sie auch dies aus. Nehmen Sie wieder das Mandala und den Stift und gehen Sie den Weg von innen nach außen.

Wiederholen Sie diese Bewegung noch einmal.

Nehmen Sie sich auch für diesen Weg Zeit und gestalten Sie ihn farbig.

Vergleichen Sie beide Wege und die Wegerfahrungen, legen Sie die ausgemalten Bilder einmal nebeneinander und nehmen Sie beide Wegerfahrungen in sich auf.

Durch das Labyrinth von Chartres sind Sie schon mitten in der Erfahrung, daß sich in einem Mandala geistliche und inhaltliche Prozesse widerspiegeln können. Wenn wir das Leben als Suchbewegung nach dem Wesentlichen verstehen und dieses Wesentliche im Alltag immer wieder entdecken möchten, dann ist das Mandala eine Landkarte dieser Suchbewegung. Es ist die Landkarte der Seele, des Geistes und des Leibes. Jesus hat diesem Suchprozeß eine einfache und gradlinige Orientierung gegeben: »Wer sucht, der findet.« Dies nimmt das Mandala in seinem Wesen auf. Deshalb finden Suchende in dem Labyrinth von Chartres nicht nur einen Weg, sondern auch eine Antwort – das Ziel, die Mitte, Gott – was für einen Namen wir immer gebrauchen wollen.
Insofern ist das Mandala als Labyrinth ein Symbol des geistlichen Weges des Menschen.

Die Mitte erkennen – Mandalas helfen thematische und geistliche Erfahrungen ausdrücken

Diese Möglichkeit, die uns in dem Mandala geschenkt ist, läßt sich an einem weiteren Mandala darstellen, das wir gerne erwähnen, weil es einen besonderen und seltenen christlichen Typus des Mandalas darstellt. Es beschreibt in dem Ordnungsschema eines Mandalas (sechs Kreise um die Mitte) eine inhaltliche und geistige Erfahrung und Bewegung und fügt Bilder und Symbole hinzu, die diese anschaulich machen sollen. Nikolaus von der Flüe hat in seinem Mandala seinen geistlichen Weg ge(kenn)zeichnet und lädt uns ein, dies im Schauen des Mandalas selbst zu entdecken.

Nikolaus von der Flüe bezeichnete sein Mandala als ein Lesebuch. Er entdeckte auf seinem Weg Gottes Geist immer wieder neu und vertiefte seine Beziehung zu Gott im immer neuen »Lesen und Studieren« des Bildes.

Einladung zum Ausprobieren: Meditation eines Mandalas

Gestalten Sie die Bild-Vorlage Nr. 15.

Stellen Sie das ausgestaltete Mandala neben die Abbildung des Mandalas von Klaus von der Flüe. Nehmen Sie sich Zeit und öffnen sie sich im Schauen den Bildern.*

Mit den folgenden Beispielen möchten wir Ihnen zeigen, wie auch wir mit Hilfe des Mandalas ein Thema, das uns innerlich berührt, so ausdrücken können, daß neben der Wortebene auch die Erfahrungs- und Symbolebene deutlich wird.

* Zwei Bücher können Sie in der Beschäftigung mit diesem Mandala weiterführen: *Alfons Rosenberg*, Christliche Bildmeditation, München 1975; *Franz Xaver Jans*, Das Tor zur Rückseite des Herzens, Münsterschwarzach 1994.

Beispiel: Ein Märchen erfassen

Bei einem Seminar habe ich einmal aus dem Stegreif das Märchen von Frau Holle als Mandala aufgezeichnet; es gewann eine eigene Dynamik, die Sichtweise erweiterte sich. Nehmen Sie doch einmal ein leeres Blatt und einen Stift zur Hand und lassen sie sich auf meine Idee ein.

Malen Sie als erstes in die Mitte einen Kreis für den Brunnen. Er ist der Eingang.

Dann malen Sie oben und unten an den Kreis jeweils einen Torbogen, die die Ausgänge – im doppelten Sinne – darstellen. Ein Torbogen

ist oben und wie der Himmel (golden), der andere hat in seiner Schwärze eher etwas vom unterirdischen Bereich.
Jetzt malen Sie links und rechts einen kreisförmigen Brotlaib bzw. einen runden Apfel – jeweils durch einen Kreis gekennzeichnet, die eventuell ein wenig vom Mittelkreis verdecktwerden. In dieser Waagrechten – der Ebene der Hände – erleben wir unsere Aufgaben im Alltag.

In die vier Ecken können Sie jeweils gegenüber ein Bild für Stiefmutter und Frau Holle und für die beiden Mädchen eintragen; es sind Bilder verschiedener Lebenskonzepte.

Umschließen Sie das Ganze mit einem Kreis. Für den freien Raum suchen Sie noch eine Möglichkeit, den Schnee zu versinnbildlichen. Der Schnee ist die Verbindung zwischen innen und außen.

Betrachten Sie einmal Ihr Bild und die Struktur im Ganzen. Es ist aus dem Märchen von der Frau Holle entstanden und hat doch in seiner Grundstruktur Gültigkeit für viele Erfahrungen. Es verdeutlicht so auch, wie sich Märchen über unsere Erfahrungen legen und deshalb ohne Erklärungen verstanden werden.

Ähnlich können Sie andere Texte und Themen gestalten. Auch Kinder können mit solch einem Rahmenbild Texte erschließen oder Erzählungen gestalten: dies ist auch eine gute Gemeinschaftsarbeit.
Dabei müssen Sie sich nicht an eine vorgegebene Struktur halten. Jeder Mensch wird seine eigene Struktur zu der in der Geschichte finden. Sie können und werden auch das Märchen Frau Holle anders erschließen. Vielleicht werden Sie z.B. die Figuren anders anordnen: Frau Holle und Marie, Mutter und Tochter oder den ganzen Weg als konzentrische Kreise sehen.
Diese Arbeitsformen sind anspruchsvoll und nicht ohne Vorerfahrungen und Übung sinnvoll.

Die Mitte Gestalt werden lassen – Einen inneren Prozeß ordnen

Die klare Struktur eines Mandalas kann uns auch helfen, einen inneren Prozeß zu klären und zu verdeutlichen.
Wir haben z.B. nach einem langen Schweigekurs ein Mandala ähnlich dem Mandala Nr. 1 ausgeteilt und nur darum gebeten, die eigenen Erfahrungen den Ebenen des Mandalas zuzuordnen. Intuitiv begannen die Teilnehmenden ihre inneren Ebenen mit den Ebenen des Mandalas in Einklang bzw. in Zuordnung zu bringen Sie waren selbst überrascht, wieviel klarer sie anschließend über ihre Erfahrungen sprechen konnten. Seitdem haben wir oft Mandalas mit guten Erfahrungen als Auswertungshilfen genutzt (s. dazu auch S. 32 f.).
Manchmal fügen wir die Anregung hinzu, die Erfahrungsräume in dem Mandala auch oder nur farblich zu gestalten. Dieser Impuls kann nach einer ersten inneren Zuordnung erfolgen. Dies ist besonders für Jugendliche eine gute Möglichkeit, die eigenen Erfahrungen zu sortieren, ohne zuviel nach außen preiszugeben. Junge Menschen zwischen 12 und 16 Jahren haben oft Schwierigkeiten, ihre Erfahrungen mitzuteilen, wenn sie sich in der Gruppe nicht absolut angenommen fühlen. Sie suchen deshalb den Austausch nicht so sehr in der Lern- oder Erfahrungsgruppe; sie sprechen lieber nachher in ihrer eigenen kleinen Bezugsgruppe darüber. Trotzdem ist es wichtig, den Prozeß in der Gruppe abzuschließen. Hier lade ich, wie gesagt, mit der obigen Intention ein, ein Mandala mit Farben zu gestalten. Es ist auch möglich, dazu nur das Bild mit der Grundform des Kreises als Ausgangspunkt zu wählen. Beides hilft, den inneren Prozeß abzuschließen und ermöglicht gleichzeitig, anschließend mit anderen darüber zu sprechen.

In gleicher Weise kann das Mandala jedem helfen, seine innere Stimmung und Verfassung auszudrücken und zu klären. Wer dies öfter tut, erhält ein Tagebuch der inneren Befindlichkeit, das oft klarer und eindeutiger ist als viele Worte.

Heilsame Mandalas - Mandalas, die wirken ...

Mandalas sind heilsam. Vielleicht war es diese Aussage, die Sie zu Mandalas hingezogen hat. Können Sie dies, nachdem Sie bis hierhin gelesen und das eine oder andere ausprobiert haben, schon ein wenig nachvollziehen? Wir wünschen es Ihnen. Jedenfalls haben wir bei Kindern, Jugendlichen und Erwachsenen erlebt, daß die Beschäftigung mit Mandalas heilsame Einflüsse hatte. Jedes Mandala-Geschenk, das wir im vorangegangenen ausgeführt haben, tut dies auf seine Weise.

Doch manchmal verwechseln wir heilsame Wirkungen mit der Sehnsucht nach einer heilen Welt. Der Wunsch nach Harmonie und Einklang ist gerade in unserer Zeit sehr verständlich. Mandalas deuten zwar Wege und Möglichkeiten an, davon mehr zu finden und zu leben, aber sie ersetzen nicht das Austragen von Konflikten, das Durchschreiten von Angstsituationen, eigene Entscheidungen und die eigene Verantwortung.

Unter heilsamen Wirkungen verstehen wir vor allen Dingen, daß sich die eigenen Fähigkeiten vertiefen, um diese Welt zu gestalten; daß Sie sich selbst als Mensch ernst- und annehmen.

Dies ist oft nicht einfach, geschweige denn schmerzfrei. Ich verweise auf das Labyrinth von Chartres: Das Heilsame an diesem Such-Weg ist, daß jeder den eigenen Weg gehen kann in der Gewißheit, daß dieser Weg nicht in die Irre führt. Der Mensch kann dem Weg vertrauen, auch wenn der nächste Schritt um eine neue Kurve führt und der Weg nicht einsichtig ist. Jeder Schritt auf diesem Weg hat seinen eigenen Wert und kann gut tun.

Mandalas sind einfach und legen mich nicht fest – wohin sie mich führen, bestimme ich mit – durch das, was ich suche, durch das, was ich bin. Je länger die Auseinandersetzung mit Mandalas andauert, desto mehr kann sie den Menschen hin zu mehr Ruhe und Gelassenheit verändern, und dies hat sicherlich Auswirkungen auf den gesamten Lebensstil.

- So sind Mandalas eine Möglichkeit des Wegs in die Stille, eine Möglichkeit, mir selbst in der Stille zu begegnen.
- Lassen Sie uns zum Abschluß noch einmal mit einigen Thesen zusammenfassen, warum Mandalas heilsam wirken können:
- Im Mandala verbinden sich Innen und Außen, Stille und Tun, Herz und Hände.
- Mandalas spiegeln Grundstrukturen der Schöpfung wider, also auch Grundstrukturen des Menschen. Die Verbindung von Vorgabe (Struktur) und Freiheit wirkt heilsam.
- Mandalas sprechen innere Landschaften an, sie entsprechen inneren (seelischen) Prozessen. Die Wahrnehmung der eigenen Ordnung und Unordnung gibt heilsame Impulse, weil im Gestalten des Mandalas innere Prozesse ausgedrückt werden.
- Diese Prozesse nehmen Gestalt an und wirken einer Auflösung bzw. einer Desorientierung der Persönlichkeit entgegen.
- Das Mandala stellt eine integrative Ebene dar, die Gegensätze vereint, ohne sie aufzuheben.
- Mandalas setzen Grenzen und erweitern Grenzen.
- Im Mandala-Malen und -Gestalten, in der Betrachtung und in der Bewegung sammeln sich Kraft und Energie. In den Mandalas konzentriert sich Energie.
- Der Fluß des Atems (der ruach und das pneuma), der sich sammelt im Einatmen, und ausbreitet im Ausatmen, ist das Grundbild des Mandala.
- Die Einheit von Suchen und Finden, von Finden und Suchen geschieht im Mandala.

- Das Mandala ist ein Prozeß des Werdens und des Vergehens, des Sich-Findens und Veränderns.

- Das Mandala symbolisiert einen inneren Wandlungsprozeß (vergleichen Sie dazu den Weg des verlorenen Sohnes der Bibel durch das Labyrinth nach Hause – siehe Lukas 15).

- Das Mandala verweist auf den Grund allen Lebens, es ist eine Bewegung zur Mitte des Menschen hin.

- Im Wiederholen des Mandalas liegt ein geistlicher Übungsweg.

All dies kann heilsam sein. Jedoch: das Heilsame liegt nicht in den Erläuterungen und Erklärungen, es liegt immer in der Praxis, d.h. im Geschehen, in der Übung und in der Wiederholung. Worte und Erklärungen sind bestenfalls Einladungen und Versuche, Erfahrungen einander nahe zu bringen.

Wer kann Mandalas gestalten?

Mandalas sprechen Menschen in allen Altersstufen und in allen Lebensbereichen an. Kleine Kinder und ältere Menschen, Menschen zu Hause, in der Schule, im Beruf oder in Fortbildungen. Manche Menschen wählen ein Mandala aus, weil sie traurig sind; sie spüren, wie gut es tut, etwas zu gestalten. Andere drücken Freude oder Anspannung aus. Der innere Prozeß ist sicher jedesmal anders, aber gemeinsam entdecken alle gestaltenden Menschen, das Mandala verdrängt nicht innere Befindlichkeiten, sondern hilft sie zu ordnen, sie auszudrücken und zu gestalten.
Ganz unterschiedliche Menschen erleben Mandalas als wohltuend:

- Unruhige und gelassene Menschen

- Menschen, die in ihrer Motorik eingeschränkt sind, und Menschen, die gerne exakt gestalten

- Menschen, die geistig und/oder körperlich behindert sind, genauso wie überintellektuelle Menschen

- Menschen, die den Eindruck von sich haben, nichts zu können und sich nichts trauen, und Menschen voller Fülle

- Menschen, deren Lebensperspektive eingeschränkt zu sein scheint, und die, denen alles offensteht

- Kinder, die manche als schwierig empfinden, und solche, die nie auffallen

- Ältere Menschen genauso wie kleine Kinder mit ihren jeweiligen Möglichkeiten

- Vielleicht auch Sie selbst.

Jeder findet im Mandala seine Möglichkeiten. Deshalb gibt es im Anhang auch ganz verschiedene Vorlagen, aus denen Sie je nach Alter und Situation die passenden auswählen können. Kleine Kinder brauchen einfache Grundformen, ältere Jugendliche lieben oft sehr differenzierte Formen, Erwachsene greifen wiederum gerne auf die einfachen Formen zurück.

Was müssen Sie nun tun, um mit Mandalas zu arbeiten? Eigentlich wenig, denn Mandalas sprechen für sich selbst. Sie laden ein und motivieren aus sich heraus. Wer die verschiedenen Schritte einer Stille-Übung kennt (vgl. unser Buch »Stille-Übungen mit Kindern«, Kösel-Verlag), wird schnell entdecken, daß z.B. im Mandala-Malen alle Schritte von selbst enthalten sind: Es lädt ein, hilft, bei sich zu sein, öffnet sich der Stille, findet Ausdruck in der Gestaltung und schließt mit dem fertigen Bild.
In diesem Sinne ist das Mandala praktisch ein »Selbstläufer« , doch bedürfen die Art der Hinführung und die Art des Abschlusses besonderer Beachtung. Was die Hinführung betrifft, so sollte vorher überlegt werden, ob und warum ein Mandala an dieser Stelle sinnvoll ist. Durch häufiges und beliebiges Anbieten wird das Mandala schnell entwertet und seiner Möglichkeiten beraubt. Dies ist schade. Wir bitten Sie deshalb, mit Mandalas sorgsam umzugehen und sie nicht fortwährend zum Ausmalen anzubieten, nur weil sie in Schule oder Kindergarten, in Meditationskreisen oder in der Jugendarbeit gerade modern sind.
Genauso hilft der achtsame Umgang mit dem fertigen Mandala, es nicht zu einem beliebigen Wegwerfprodukt werden zu lassen. Auch erfahren Malende mit der Wertschätzung ihres Bildes noch einmal eine eigene Wertschätzung. Nehmen Sie sich also auch für die fertigen Mandalas Zeit und überlegen, was damit geschehen kann.

Wenn Sie weiterblättern, werden Sie über die Vielzahl der Möglichkeiten, Mandalas zu begegnen, erstaunt sein. Malen ist ja nur eine davon. Wonach wählen Sie aus? Was ist wann geeignet?
Bei der Auswahl können Sie sich davon bestimmen lassen, was das Mandala Ihnen oder demjenigen, für den es gedacht ist, schenken soll. Sie werden merken, daß die Methoden sich in der Tendenz den verschiedenen Erfahrungen, die ein Mandala schenken kann, zuordnen lassen. Allerdings nur in der Tendenz. Denn so, wie ich mich auf die Erfahrung einlasse, in der Weise, wie ich ganz dabei bin, schwingen immer mehrere Ebenen mit; es liegt an meiner Gestimmtheit, was sie in mir berühren. In gewissem Sinn können Sie die Beispiele als eine Steigerung im immer intensiveren Umgang mit den Mandalas auffassen. Sie werden wohl kaum damit beginnen, ein Märchen mit Kindern in der Form eines Mandalas zu erschließen. Genausowenig werden Sie als Erwachsener ein Mandala meditieren, es sei denn, Sie hätten bereits Meditationserfahrung.
Dies bedeutet auf der anderen Seite für die Auswahl, daß die Begegnung mit dem Mandala in die bereits vorhandenen Erfahrungen und in die sonstigen Begebenheiten sinnvoll integriert werden sollte. Vielleicht suchen Sie im Kindergarten nach Möglichkeiten, Individualität und Gemeinschaft zu verbinden. Da ist es eine schöne Form, die Kinder zunächst (vorgeschnittene) Einzelteile eines Mandalas gestalten zu lassen und diese dann als Gemeinschaftswerk zusammenzusetzen. Doch wäre es gut, wenn die Kinder schon einmal Mandalas gemalt hätten, um sich ein solches Bild vorstellen zu können.
Oder: Wo die Freude am Mandala-Malen besonders groß ist, können Laternen aus vier Mandalas eine gute Weiterführung sein. In dieser Reihenfolge geht es gut, aber es kann Streß sein, Kinder für die Gestaltung einer Martinslaterne zum Ausmalen von vier Mandalas zu bewegen. Da wird alles Mittel zum Zweck und verliert schnell seinen Einladungscharakter. – Oder: Sie sprechen mit Konfirmanden über verschiedene Lebenswege und bieten ihnen das Gehen im Labyrinth als Weg-Erfahrung an. Vielleicht können Sie an Erfahrungen mit Führen und Geführt-Werden (Interaktionsübung) anschließen. Sicherlich werden Sie aber kein Labyrinth mit dem Hinweis ausmalen lassen, dies sei ein Beispiel für den Weg zu Gott. Hier zeigt sich eine Grenze des Mandalas wie jeder Stille-Übung: Ich kann nichts für den anderen erfahren oder ihm das Ergebnis seiner Erfahrungen diktieren. Ich kann nur zur eigenen Erfahrung einladen. Deshalb:

Was Sie auch auswählen – tun Sie es mit Achtsamkeit und entscheiden Sie sich manchmal lieber nicht für ein Mandala.

2. Teil – Anregungen

Schöpferischer Umgang mit Mandalas

Im zweiten Teil dieses Heftes finden Sie Anregungen, mit Mandalas umzugehen. Zunächst einmal ist die Beschäftigung mit dem Mandala Einzelarbeit, und die meisten der folgenden Anregungen können so auch alleine ausprobiert werden. Doch genauso können fast alle Anregungen auch in der Gruppe ihren Raum finden. Gerade das Zusammenspiel von Einzel- und Gruppenarbeit scheint mir der Dynamik des Mandalas besonders zu entsprechen, in dem die unterschiedlichen Ideen und Möglichkeiten des einzelnen zu einem Ganzen zusammenfinden. Wenn Sie also mit Mandalas in Gruppen arbeiten, ist es ein Gewinn, diesen Aspekt auch mit aufzunehmen. Dies kann z.B. durch die Art geschehen, in der Sie den Raum gestalten (s. S. 30 f.), oder in der Form, in der Sie die Einzelarbeiten in der Gruppe darstellen (s. S. 19) oder indem Sie bewußt die Einzelergebnisse in einem Gruppenprozeß zusammenführen (s. S. 25) oder von vornherein die Mandala-Arbeit als Gruppenarbeit gestalten. Wo es sinnvoll und notwendig erschien, sind Unterschiede für Einzel- und Gruppenarbeit angemerkt.

Mandalas malen

Die vertrauteste und einfachste Art mit Mandalas umzugehen, ist das Ausgestalten der Mandalas mit Farben. Eine erste Anleitung dazu fanden Sie bereits auf S. 12. In dieser Weise können Sie immer neue Mandalas gestalten. Wenn Sie mit einer *Gruppe* malen wollen, gilt es noch folgendes zu bedenken:

Die Vorlagen müssen in ihrer Schwierigkeit und in ihrer Größe sowohl dem Alter als auch der Maltechnik angemessen sein. Einfache Formen machen bereits 4 bis 5jährigen Kindern Freude. Mit (dicken) Buntstiften ausgemalt sollten die Blätter dann nicht größer als DIN-A4 sein, eher kleiner; für Wasserfarben dagegen auch größer.

Überhaupt stehen Ihnen bei der Auswahl der Maltechnik alle Möglichkeiten offen: ob Sie mit Bunt- oder Aquarellstiften, guten Pastellkreiden, Wasser- oder Aquarellfarben malen, jedesmal wird das Bild anders. Auch die Übung verändert sich. Mit Pastellkreiden ist es z.B. nicht einfach, exakt zu malen. Doch kann gerade dies das richtige Ausdrucksmittel sein, wenn die Linien nicht so hart wirken sollen, oder verwischte Farben die Grenzen ineinanderfließen lassen. Schön daran ist, daß Sie sowohl kräftige als auch zarte Farbgestaltungen zulassen. Sie sind eher etwas für Größere, doch auch Kinder können mit Kreiden malen, wenn das Bild einfach strukturiert ist.

Kinder und Jugendliche lieben Filzstifte, weil sie damit schneller und leuchtend malen können. Leider haben Filzstifte oft recht unnatürliche Farben und viele Stifte riechen und enthalten immer noch Lösungsmittel. Auch ist der »Schnell«-Aspekt nicht unbedingt unterstützenswert. Es ist aber nicht sinnvoll, Filzstifte generell zu verbieten; am meisten motivieren in anderer Maltechnik gestaltete Mandalas, es auch einmal anders zu probieren. Und leuchtende Farben erhalten Sie auch mit dem nachträglichen Ölen (s. S. 22).

Um ein Durchmalen zu vermeiden, ist eine Unterlage unter dem Blatt sinnvoll.

Wenn Sie sich für Maltechnik und Größe entschieden haben, geben Sie ruhig zwei bis drei Formen zur Auswahl, damit jede/r dem Gefühl nach auswählen kann. Doch sollten insgesamt nicht zu viele Vorlagen ausliegen. Dies setzt nur die Konsummöglichkeiten auch in diesem Bereich fort.

Für das Malen sollte ausreichend Zeit zur Verfügung stehen. Wird es doch einmal knapp, dann ist es besser, das Mandala unfertig zur Seite zu legen und später zu vervollständigen, als es noch schnell »voll zu machen«. Teilen Sie die Zeit so ein, daß jeder zu einem sinnvollen, in sich vollständigen Abschluß kommen kann. In der Gruppe ist das unterschiedliche Tempo oft ein Problem. Die einen brauchen sehr lange, die anderen sind schon früher fertig. Damit nicht alles einfach auseinanderläuft, können Möglichkeiten zur leisen Beschäftigung angeboten sein. So können sich die, die abgeschlossen haben, mit etwas zu lesen oder einem Spiel zurückziehen; vielleicht lassen Sie auch Musik zum Malen laufen, dann können sie sich beim Hören der Musik weiter ausruhen. Gut ist es, die fertigen Bilder in einen Kreis um die Mitte zu legen, dann können die ersten auch den Raum verlassen, ihr Bild ist praktisch ein Platzhalter für sie. Wenn alle fertig sind, lädt der Kreis zum Betrachten, Staunen und Vergleichen ein.

Lassen Sie die Bilder – auch und gerade die einzeln gemalten – nicht einfach verschwinden. Sie wirken nach. Über die Bilder braucht niemand zu reden, sie erzählen auch ohne Worte, wir müssen sie nur anschauen.

Immer wieder hören wir Fragen, ob denn die Art der Gestaltung, vor allem die Farbwahl etwas über den/die Malende/n sage. Sicherlich, doch dies können Sie für sich selbst am besten erkennen und deuten. In der Gruppe halten wir Wertungen und Beurteilungen in diesem Sinn weder für hilfreich noch erlaubt. Es gibt viele Gründe, die jemand zu seiner Farbwahl bewogen haben können, und Rot ist nicht gleich Rot und Schwarz nicht gleich Schwarz. Manchmal kann es sinnvoll sein, nachzufragen oder einen Denkimpuls zu geben, aber die tiefere Interpretation ist nur von und mit dem Malenden zu klären.

Wenn Sie für sich selbst neugierig sind, so können Sie in drei Büchern Anregungen finden:

Albert Biesinger/Gerhard Braun, Gott in Farben sehen. Die symbolische und religiöse Bedeutung der Farben, München 1995

Susanne Fincher, Mandala-Malen, Braunschweig 1994

Ingrid Riedel, Farben (Reihe Symbole), Stuttgart ^{13}1995.

Weiterarbeit mit gemalten Mandalas

Das Wichtigste beim Malen eines Mandalas ist die Zeit des Malens. Was danach kommt, ist etwas Neues, anderes und soll das Malen nicht verzwecken.
Wer aber gerne malt, der hat bald eine Sammlung von Mandalas. Dann kommt die Überlegung, was könnte ich damit tun, wie könnte ich mir und anderen noch weitere Freude machen.

Variante 1: Galerie

Der erste Schritt ist sicherlich, Mandalas so aufzuhängen, daß sie mich noch eine Zeitlang begleiten und damit auch einen gestaltenden Impuls in den Raum bringen, indem sie hängen. Was zu Hause ein oder zwei Mandalas sind, sind im Kindergarten, in der Schule, in der Jugendgruppe schnell 10,20,30. Da lohnt es sich, auch über das Aufhängen nachzudenken. Wie wäre es, aus den Mandalas an der Wand oder am Fenster wieder ein neues großes Mandala zu gestalten?

Variante 2: Leuchtende Mandalas

Die Farben leuchten am Fenster noch schöner, wenn die fertigen Mandalas mit normalen Speiseöl ganz dünn eingeölt werden. Dazu die Bilder von der Rückseite dünn mit Öl einreiben, nur wenn das Öl nicht durchzieht, sie auch vorne einölen (Achtung: nicht zu stark drücken, da sonst die Farben verwischen). Um die Bilder ankleben zu können, bitte einen ungeölten Rand stehen lassen!

Variante 3: Transparente

Die geölten Mandalas wirken auch sehr schön als Transparente. Schneiden Sie aus schwarzem oder farblich passendem Plakatkarton einen Rahmen aus und kleben Sie das Mandala dahinter. Wenn Sie den unteren Rand ca. 5 cm größer lassen und zweimal einschneiden, können Sie ihn umknicken und das Mandala aufstellen. Mit einer Kerze dahinter beginnt das Bild von innen heraus zu leuchten.

Variante 4: Mandala-Laternen

Der Schritt von da zur (St. Martins-) Laterne ist nicht weit. Hierfür brauchen Sie aus schwarzem Plakatkarton einen zusammenhängenden Rahmen für 4 Bilder. Dabei die Ränder nicht zu knapp wählen, die geölten Bilder hineinkleben. Das Ganze dann zu einer viereckigen Laterne zusammenfalten und kleben. So kann sie als Standlaterne über ein Teelicht gestellt werden. Mit einem Drahtbügel ist sie für elektrische Laternenstäbe geeignet (Vorsicht, Öl brennt gut!).

Variante 5: Mobiles

Mandala-Bilder müssen nicht immer sehr groß sein. Manche Kinder malen zur Erholung zwischendurch gerne kleine Mandalas. Aus solchen etwa 10 cm großen Bildern lassen sich schöne Mobiles gestalten.

Variante 6: Kalender

Wenn sehr viele Mandalas gestaltet wurden, kann man anderen eine Freude machen und einen Kalender daraus basteln. Es gibt zum einen vorgefertigte Kalender, in die dann die Mandalas nur eingeklebt werden müssen, zum anderen kann ich natürlich auch den ganzen Kalender selbst fertigen. Für kleinere Kinder ist ein Monatskalender, d.h. ein Kalender mit 12 Bildern sehr viel. Es reicht aber auch aus, jeweils für zwei Monate ein Blatt zu gestalten. Oder aber es wird ein Gruppenkalender mit 24, 26 oder 30 Bildern daraus. Das Kalendarium ist dann eine kleine Rechenaufgabe.

Variante 7: Fensterbilder

Mandalas lieben (natürliches) Licht. Ob der sanfte Schein einer Kerze oder das Licht der Sonne, beides bringt Mandalas in ihrer Tiefe zum Leuchten. Bereits erwähnt habe ich die Möglichkeit, Mandalas geölt oder ungeölt als Fensterschmuck zu nutzen. Unter dem Stichwort Gruppenarbeit finden Sie noch die Anregung für gemeinsam gestaltete Groß-Mandalas, auch diese wirken im Licht besonders schön.

Mandalas können auch eine dauerhafte Fenstergestaltung sein, vielleicht an einem Fenster, durch das die Sonne besonders hell scheint, oder dort, wo Sie Sichtschutz und die zur Ruhe führende Wirkung eines Mandalas verbinden wollen. Ein solches Fenster wirkt als Ganzes als Mandala. Wählen Sie das Motiv mit Ruhe und Sorgfalt und arbeiten Sie Schritt für Schritt. Es soll Sie ja länger begleiten. Von der Technik her können sie das Mandala mit Wasser- oder Fingerfarben aufmalen und mit einem Mattlack überziehen, oder mit Tansparentpapier arbeiten und die Strukturen aus schwarzen Plakatkarton kleben; oder mit einer neuen Glasmaltechnik, bei der die Strukturen mit einer bleifreien Paste aufgetragen und die Felder dazwischen mit Farbe ausgefüllt werden (Window color). Ganz dauerhaft wird es als echtes Bleiglasfenster.

Mandalas gestalten und legen

Über das Malen hinaus gibt es noch viele andere Möglichkeiten, ein Mandala zu gestalten. Dabei hängt es von den verwendeten Materialien ab, ob Sie weiterhin auf einer Papiervorlage arbeiten oder ob Sie das Grundmuster auf einen anderen Untergrund übertragen müssen.
Die Entscheidung, welches Material Sie nehmen, ist von verschiedenen Überlegungen abhängig. Zum einen von Ihren eigenen Vorlieben und Fähigkeiten bzw. derer, die damit arbeiten sollen. Es kann aber auch sein, daß das Gestalten des Mandalas in einen größeren Prozeß eingebunden ist, der die Wahl mitbestimmt. So bietet es sich an, ein Herbst-Mandala mit buntem Laub zu gestalten,

die Naturerfahrung des Urlaubs mit Muscheln und Steinen einzufangen, ein Wandbild aus Ton zu fertigen oder zu batiken. Mit all den Techniken, die im folgenden genannt werden, können Sie natürlich auch anderes als Mandalas gestalten. Ja, wenn Sie nur von dem Material ausgehen, müssen Sie sich sicherlich fragen, warum es dann ein Mandala werden soll. Ein schönes, frei gestaltetes Herbstbild ist genauso gut und richtig.
Weshalb dann ein Mandala? Sehen Sie in dem Mandala immer die Möglichkeit, Erfahrungen mit dem Empfinden für Strukturen, Harmonie, Rhythmus, Stille und Tiefe zu verbinden. Wo dies gesucht wird, ist ein Mandala richtig.

Variante 1: Mandalas aus Kreppapierkugeln

Für Kindergarten und Grundschule eignet sich die Technik, aus gerollten Kreppapierkügelchen Bilder zu legen bzw. aufzukleben. Dazu werden kleine Stücke farbigen Kreppapiers abgerissen und zwischen den Fingern zu Kügelchen gerollt. Diese werden dann dicht an dicht zu Farbflächen gelegt oder mit Tapetenkleister aufgeklebt. (Vorsicht, wenn das Papier zu naß wird, färbt es!) Durch verschieden große Kügelchen ergeben sich richtige Reliefstrukturen.

Variante 2: Sand-Mandalas

Schwieriger, aber lohnend für Ältere, ist die Sandmaltechnik. Nehmen Sie eine Vorlage und streuen Mandalas aus farbigem Sand. Ihn gibt es in Bastelgeschäften und manchmal in großen Blumenläden oder sie färben ihn selbst ein. Sie können den Sand gezielt streuen, indem Sie ihn in kleine Tütchen füllen und in eine Ecke ein kleines Loch schneiden. Auch dicke Strohhalme gehen. Saugen Sie damit den Sand vorsichtig (!!) an und legen den Daumen auf das obere Ende. Wenn Sie den Daumen etwas heben, fließt der Sand. Wird der Sand nicht aufgeklebt, entsteht ein empfindliches Legebild. Mit etwas Übung lassen sich daraus sehr feine Bilder gestalten.

Variante 3: Kies-Mandalas

Größer, allerdings auch wieder leichter zu gestalten, werden die Bilder, wenn Sie anstelle des Sandes verschiedenfarbigen Kies nehmen. Solchen Kies gibt es als Kakteensand, gefärbt wiederum in Blumenläden. Noch schöner ist dies mit natürlichem feinem Kies. Dazu muß Kies gesammelt bzw. aus dem Baugeschäft geholt und gesiebt werden. Es entstehen so unterschiedlich große Kieskörner, die dem Bild Reliefstruktur geben. Da das Bild nicht wenig wiegt, eignet sich dies für Vorhaben, bei denen das Mandala liegenbleibt, z.B. als Raummitte für eine Freizeit.

Variante 4: Mandalas aus und in der Natur

Klein und gerahmt sind Mandalas mit unterschiedlichen Naturmaterialien wie Samen, Rinde, Äste, Blätter, Steine, Moos ... ein herrlicher Wandschmuck.
Aber Sie können auch ein Mandala im Freien anlegen. Wie wäre es mit einem Mandala aus Muscheln am Meer? Oder einem Tannenzapfen-Mandala im Wald? Gehen Sie spazieren und suchen die Stelle, die zu einem Mandala einlädt. Legen Sie großflächige Entwürfe an und zeichnen sie auf dem Boden vor. Wenn das Mandala liegenbleiben kann, wird es zu einer Momentaufnahme gestalteter Natur, die nach und nach wieder überwächst, vermodert, vergeht.

Variante 5 (oder auch nicht): Mandalas aus Samen und Früchten

Es bietet sich fast an, Mandalas mit getrockneten Erbsen, Mais oder Linsen zu legen. Es stellt sich aber die Frage, ob ein solcher Umgang mit Essen zu verantworten ist. Uns erscheint dies nur schwer möglich, es gibt genug andere Materialien. – Mit Abfallprodukten, z. B. Kronkorken, lassen sich sicherlich auch Mandalas legen. Sie erinnern an unsere Verantwortung für die Umwelt und sprechen für sich. Wir haben dies noch nicht realisiert, wenn uns jemand davon ein Foto schicken will, würden wir uns freuen.

Variante 6: Mandalas zum Anfassen

Da Mandalas fast immer schön sind, liegt es nahe, sie auch in Materialien zu gestalten, die als Schmuck dienen können.
So können Mandalas z.B. in Lederschmuck eingestanzt oder gebrannt werden,
als Broschen, Anhänger, Wandbilder emailliert oder aus Fimo u.ä. modelliert,
in runde Scheiben, Teller, Schalen aus Holz eingebrannt werden,
auf Seidentücher gemalt oder gebatikt werden,
T-Shirts verzieren oder auf Patchwork-Decken glänzen.
Sicherlich fallen Ihnen noch eigene Möglichkeiten ein. Auch hier wäre es mir zu wenig, die Mandalas einfach als Muster zu nutzen. In welcher Weise auch immer die Mandalas gestaltet werden, es sollte mit einer Erfahrung verbunden sein, die im Mandala symbolisiert wird.
So waren in einem Fall Lederanhänger Abschluß und Erinnerung an Tage der Stille bei einer Einkehrfreizeit mit Jugendlichen; in einem anderen Fall, so las ich, bedeckten gebatikte Mandala-Tücher die Matten, auf denen Schüler einer Behindertenschule ihre Stille-Zeiten genossen. Hier war die Verbindung von Mandala und Zeit der Stille und des Bei-mir-Seins für alle nachvollziehbar.

Variante 7: Töpfern

Eine besondere Form ist es, Mandalas aus Ton zu gestalten. (Ein Ersatzstoff ist bei Kindern sicherlich Knete o.ä., eventuell auch Salzteig, obwohl dieser wieder aus Lebensmitteln ist.)

Die einfachste Art besteht darin, runde oder quadratische Kacheln vorzubereiten und darauf ein Grundmotiv in Ton, z.B.. durch Einritzen, nachzugestalten. Die Flächen können mit verschiedenen Mustern oder durch die Glasur weiter ausgestaltet werden.

Mehr noch eignet sich der Ton, ein eigenes Mandala im Vollzug des Töpferns zu entwickeln (s. auch S. 33). Sie können dabei alles, was Sie haben, für Abdrücke benutzen: Ringe, Schlüssel, Ketten, Zweige, Blätter, Steine ... und so ein ganz individuelles Mandala schaffen.

Statt durch Einritzen und Eindrücken können Sie das Mandala auch räumlich gestalten. Nehmen Sie die Raumdimension auf und töpfern Sie Ornamente aus Ton auf die Grundfläche auf. Auch hier ergibt sich durch die Glasur eine weitere Gestaltungsmöglichkeit.

Aus vielen Kacheln, die wiederum gemeinsam die Form eines Mandalas annehmen, kann in Einzel- oder Gruppenarbeit ein bleibendes Wandbild gestaltet werden, z.B. für Ihre Stille-Ecke zu Hause oder einen Stille-Raum in der Schule, Gemeinde, im Kindergarten etc. Je nach dem vorausgegangenen Prozeß und dem gewählten Ort, können die einzelnen Kacheln auch Symbole oder Texte enthalten, die durch die Gesamtstruktur harmonisch verbunden und zentriert werden.

Großbilder – Gruppenaktionen

Mandalas bilden eine Einheit, die in der harmonischen Zuordnung ihrer einzelnen Elemente bestehen. In gleicher Weise können wir auch eine stimmige Gruppe definieren. Es liegt daher nahe, daß die Beschäftigung einer Gruppe mit Mandalas Sie in diese Richtung führen und fördern kann. Genau dies ist auch unsere Beobachtung. Dabei gibt es, grob gesprochen, drei Grundstrukturen, über die Gruppen sich den Mandalas nähern können:

Variante 1: Jeder gestaltet einen Teil des Mandalas in Einzelarbeit, hinterher werden in einer gemeinsamen Phase alle Teile zu einem großen Mandala zusammengefügt.

Diese Form eignet sich für alle Altersstufen, da sie genügend Raum für die individuellen Möglichkeiten läßt und trotzdem in der Zusammenschau der Elemente ein großer Effekt besteht, wenn sich im gemeinsamen Bild »Gelungenes« und »weniger Gelungenes« zu einem Ganzen zusammenfügen. Als Vorbereitung muß ein Mandala ausgewählt werden, dessen Anzahl etwa gleich großer Teile denen der Gruppenmitglieder entspricht. So läßt sich das Mandala Nr. 11 in 6 Rauten und 6 Randbögen zerlegen, oder in 18 Dreiecke und 6

Randbögen, was ausgewogener ist. Ein wenig erweitert ergeben sich 12 Rauten oder 24 Dreiecke und 6 Randbögen (die auch ungestaltet bleiben können).
Ein solches Mandala wurde z.B. in einer Gruppe zum Thema Herbst gestaltet. Zunächst wurden die Drachen (Rauten) mit allerlei Materialien des Herbsts beklebt, dann trafen sich alle in der Großgruppe und legten die Drachen zu einem wunderschönen Herbst-Mandala zusammen. Als Hilfe war der Außenkreis und der Mittelpunkt mit dickem Filzstift auf großen Papierbahnen vorgezeichnet.
In ähnlicher Weise kann Mandala Nr. 16 benutzt werden: wobei z.B. alle ihre Blüten nach Musik farbig gestalten und diese dann zu einer Blume zusammenfügen. Die so entstandenen Mandalas können auf dem Untergrund aufgeklebt werden und als große Wandbilder den Raum zieren. Auch das bereits erwähnte Mandala aus Tonkacheln kann so entstehen.

Variante 2: Mehrere arbeiten gleichzeitig und gleichberechtigt an einem gemeinsamen Mandala

Spannend sind Großbilder, die als gemeinsame Aktion durchgeführt werden. Am besten geht dies in überschaubaren Gruppen mit drei bis vier Personen. Obwohl ich auch mit größeren Gruppen gearbeitet habe, kommt jede(r) bei der Kleingruppe intensiver zur Gestaltung.
Dazu wählt sich jede Kleingruppe gemeinsam das Mandala aus, das sie gestalten will. Danach muß man sich über die Art der Ausgestaltung und die Verteilung der Aufgaben verständigen. Wenn es geht, sollte sich die Ausgestaltung aber im Schweigen vollziehen (Jugendliche und Erwachsene). Je intensiver der Schweigeprozeß – als innere Haltung – ist, desto tiefer wird der Gestaltungsprozeß.

In dieser Art lassen sich große Wand-Mandalas malen, deren Umrisse mit dem Projektor auf die Wand übertragen wurden.

Als Teil intensiver Naturbegegnung können so Muschel-Mandalas am Strand oder Tannenzapfen- und Rinden-Mandalas im Wald entstehen. Lassen Sie sich von der Wirkung solcher Mandalas überraschen.

Auch Kreidestraßenbilder können so entstehen, z.B. um einen Hof/Platz für ein Fest zu gestalten. – Ein gestreutes oder gelegtes Mandala kann zu einem Gemeindefest »Wir alle feiern zusammen« einladen.

An Fronleichnam werden im katholischen Bereich große Blütenbilder gestreut. Warum nicht einmal Mandalas? Einige der Vorlagen eignen sich dazu hervorragend. Die Arbeit lohnt sich auch für die kurze Zeit. Das Aufbauen und Vergehen erinnert an Wachsen und Sterben. Alles auf der Erde hat seine von Gott geschenkte Zeit.

Ein Erntedank-Mandala aus Früchten, Ähren, Gemüse kann z.B. aus einem Konfirmandenprojekt oder einem Kindergottesdienst erwachsen. Vielleicht steht in der Mitte Brot und Wein/Weintraubensaft als verbindendes und einendes Zeichen.

Dauerhafter sind Mandalas, die in einer gemeinsamen Pflanzaktion entstehen und so den Wechsel von Individualität und Einheit versinnbildlichen. – Pflanzen Sie einmal mit einer Gruppe von Kindern/Jugendlichen einfach aus Freude im Herbst im Kindergarten/am Gemeindehaus Blumenzwiebeln als Mandala. Wie wird es im Frühjahr aussehen?

Variante 3: Alle gestalten gemeinsam ein Mandala, indem sie nacheinander ihren Beitrag dazu einbringen

Ein solches Mandala kann zu verschiedenen Gelegenheiten und aus verschiedenen Materialien gestaltet werden. Es geht hierbei um die gemeinsame Erfahrung, daß Harmonie nur da gelingen kann, wo jeder seine Vorstellungen soweit einbringt bzw. zurücknimmt, daß sie sich mit dem bereits Vorgegebenen verbindet. Das Grundprinzip ist einfach. Jede(r) erhält oder holt sich zunächst eine bestimmte Anzahl gleichartiger Materialien. Zu Beginn wird nur die Mitte vorgegeben, um die sich alle im Kreis setzen. Danach darf eine(r) nach der(m) anderen eine von ihm/ihr bestimmte Anzahl seiner/ihrer Materialien um die Mitte anordnen.

Es gibt zwei Regeln: Es ist immer nur eine(r) im Kreis (außer es wird bei großen Gruppen vorher ausgemacht, daß immer zwei gleichzeitig gestalten), und es darf nichts von einem anderen verändert werden. Es ist gut, wenn alle bereits eine Vorstellung von einem Mandala haben, sonst entstehen eventuell andere Muster, die natürlich auch schön sein können. Wenn es möglich ist, sollte der ganze Prozeß im Schweigen geschehen. Da dies je nach Gruppengröße länger dauern kann, ist für ungeübte Gruppen leise Musik im Hintergrund hilfreich. Das Mandala selbst bleibt eine Zeit bestehen und begleitet die Gruppe, später wird es dann in der gleichen Weise wieder (quasi rückwärts) aufgehoben.

- *Vorschläge:*

Für ein Mandala aus frischen Naturmaterialien (Blumen, Gräser, Moos, Blätter ...) kann in der Mitte eine flache Schale mit Wasser stehen. Am Rand stehen eine gerade Zahl von Kerzen, kleine Schalen mit Steckschwämmen und einige schöne Steine. Sie können mit einbezogen werden und helfen, die Symmetrie zu betonen.

Ein anderes Mandala ergibt sich aus trockenen Naturmaterialien, Früchten, Rinden, Tannenzapfen, Ästen, Steinen etc. Sie erlauben klare Strukturen. Auch eine Spirale daraus wird schön. Die Mitte kann eine Kerze, ein Blumenstrauß oder ein großer Stein sein.

In Kindergärten und Grundschulen gibt es buntes, verschieden geformtes Beschäftigungs- und Arbeitsmaterial (Holzklötze, Perlen, Würfel, Stoffe, Rauten, Kreise, Buntstifte etc.). Jedes Kind braucht etwa 8-12 Teile. Auch daraus können schöne Mandalas gelegt werden.

Eine Variante davon eignet sich für die Adventszeit. Tag für Tag wird mit einer Kerze, einem Stern oder einer Krippenfigur der Weg zur Mitte als Spirale dargestellt. Jeden Tag darf eine(r) ein Teil hinzufügen. Die Mitte ist hier ein Stall oder ein anderes Symbol für Weihnachten.

Mandalas verändern

Bereits im Eingangsteil wurden zwei Anregungen vorgestellt, Mandalas zu verändern und neu zu gestalten (s. S. 10 f.).

Variante 1:

Natürlich kann man auch zwei verschiedene Mandalas miteinander verbinden. Dabei werden Sie merken, daß es Strukturen gibt, die sich leicht verbinden lassen und andere, die sehr viel Hilfsschritte/Linien dazwischen brauchen. Wer aufmerksam hinschaut, findet darin ein Abbild innerer Wandlungsprozesse.

Variante 2:

Manchmal ist es auch reizvoll, die Verschiedenheit bestehen zu lassen. Ordnen Sie verschiedene Grundformen zu einem neuen großen Mandala.
Ein Beispiel: Ein rundes Blüten-Mandala kommt in die Mitte, darum gruppieren sich vier oder sechs Stern-Mandalas, dazwischen wirbeln Spiralen. Ergänzen Sie so viele Linien, wie Ihr Bedürfnis nach Integration Ihnen vorgibt.

Variante 3:

Dies kann auch eine Gruppenarbeit sein. Dazu sucht sich jeder zunächst die ihm liebste Struktur aus, dann wird daraus ein gemeinsames Mandala entwickelt.

Mandalas selbst entwickeln

Wer sich länger mit Mandalas beschäftigt, wird irgendwann zu dem Punkt kommen, an dem er oder sie eigene Mandalas entwirft.
Es gibt zwei Arten von selbst entworfenen Mandalas. Zum einen sind dies Bilder, die sich aus dem inneren Prozeß heraus kreisförmig entwickeln. Dazu finden Sie auf S. 34 mehr.
Hier geht es zunächst um Strukturentwürfe, die Sie entwickeln und die Sie nachher mit Farben gestalten können.
Sie brauchen zum Entwerfen Bleistift, Zirkel, Radiergummi, Lineal und ein Geo-Dreieck. Entwerfen Sie Mandalas am besten auf DIN-A3-Papier. Zeichnen Sie den Entwurf immer groß, beim Verkleinern auf einem Kopierer verschwinden Ungenauigkeiten.

Achtung: Beim Vergrößern werden alle »Schludereien« und Unexaktheiten sichtbar.

- *Drei Grundideen zum Gestalten:*

Orientieren Sie sich an einer Blüte oder einer Frucht. Gehen Sie von Entdeckungen in der Natur aus oder auch von anderen äußeren Impulsen, wie z.B. von Kirchenfenstern, Mosaiken, ...

Setzen Sie einen klaren Mittelpunkt und spielen von da aus mit den Formen und schauen, was geschieht und sich entfaltet.

Malen Sie Entwürfe, die vor Ihrem inneren Auge entstanden sind. Es ist hilfreich, eine innere Vorstellung von dem Mandala zu haben. Oft läßt es sich dann leichter aufs Blatt bringen.

Malen Sie den ersten Entwurf frei Hand. Sie bekommen so einen Eindruck der Grundstruktur. Diese ist wesentlich. Wenn sie stimmig ist, können weitere Ausgestaltungen darauf aufbauen.

Eine Überlegung ergab sich aus der Begegnung mit Jugendlichen, die fragten, ob ein Mandala mit dem Computer entworfen werden kann. Die Antwort ist einfach und klar: vom Technischen her kann ein Mandala mit dem Computer entworfen werden. Das Mandala verliert so aber fast alles von seinem inneren geistigen und geistlichen Prozeß. Wie so oft in unserer Zeit ersetzen wir Handarbeit und eigene schöpferische Prozesse durch Maschinen. Die Prozesse laufen nicht in uns und durch uns, sondern sie laufen ersatzweise für uns. Dies ist schade und stimmt mich eher traurig.

Mandalas anschauen

Mandalas sprechen für sich, so daß wir ihre heilsame Wirkung auch im Anschauen erfahren können.

Ganz zu Beginn hatten wir Sie bereits eingeladen, in der Natur und in Ihrer Umgebung Ausschau nach mitte-orientierten Erscheinungen zu halten. Verweilen Sie ein wenig länger dabei. Fotografieren Sie, was Sie gefunden haben. Wählen Sie die schönsten Formen aus und lassen Sie die Bilder auf sich wirken. Fällt Ihnen ein Gedicht, eine Geschichte, ein eigener Text dazu ein?

Laden Sie Kinder ein, Mandalas in der Natur zu entdecken. Schneiden Sie eine Apfelsine durch und schauen sich das Muster an. Tun Sie dasselbe mit einem Apfel. Auch eine Zwiebel ist geeignet (eine Frischhaltefolie schützt vor Geruch und Tränen). Weitere interessante Gemüse und Früchte: Tomaten, Zucchini, Zitronen und Ananas. Schauen Sie gemeinsam Blumen an. Welche Blumen sind Mandalas? Danach lassen sich leicht eigene Bilder gestalten.

Schauen Sie sich eine einzelne Blume, Frucht, Baumscheibe genau an.
Lassen Sie sich etwas vom Kreislauf des Lebens erzählen.
Legen Sie Mandalas auf den Tisch oder den Boden und schauen Sie die verschiedenen Entwürfe an. Welches Grundmuster spricht Sie im Moment an? Was erzählt es Ihnen von sich?

Wer möchte, kann so einen Weg zur Meditation finden. Natürliche und gemalte Mandalas eignen sich gut zur gegenstandsbezogenen

Meditation. Voraussetzung ist, daß Sie sich Zeit nehmen, ihnen in einer gesammelten und offenen Haltung zu begegnen. Meditation heißt nicht bedenken und schon gar nicht bewerten. Sie bedeutet vielmehr, mich im Sammeln und Konzentrieren auf Eines in die Stille führen und in meinem tiefsten Innern ansprechen und berühren zu lassen.

Wählen Sie das Mandala Nr. 14 aus und gestalten Sie es. Machen Sie daraus ein leuchtendes Transparenzbild, indem Sie es einölen und in einen Rahmen kleben, der unten umgefalzt und eingeschnitten ist. Ein Teil wird nach vorne, ein Teil nach hinten geknickt. Stellen Sie eine gut leuchtende Kerze (einmal kein Teelicht) hinter das Bild und betrachten Sie es – ohne es zu bedenken. Lassen Sie sich in die Tiefe führen.

In gleicher Weise können Sie einer Blume, einem Mandala-Foto oder -Dia begegnen.

Sich Mandalas vorstellen/visualisieren

Auch diese Arbeitsweise ist im Anfangsteil schon angeklungen. Sie eignet sich eher für Jugendliche und Erwachsene, da sie die Möglichkeit zur räumlichen Vorstellung voraussetzt.
Wir möchten nur wenige Übungen zu diesem Bereich aufnehmen, da diese Übungen – wenn sie intensiver werden – der Begleitung bedürfen.
Um sich im räumlichen Sehen einzuüben, greifen Sie die beiden Übungen aus dem Anfangsteil auf (s. S. 11).

Variante 1:

Es gibt Maler, wie z.B. Hundertwasser, die in ihre Bilder Spiralen und andere Mandala-Formen einbauen. Bei ihm können Sie entdecken, daß Bilder auch ohne speziell 3-D-Maltechnik Tiefenwirkung haben. Viele seiner Mandalas haben ausgesprochen räumliche Wirkung. – Vielleicht haben Sie ein solches Bild von Hundertwasser. Legen Sie es so vor sich, daß Sie es gut sehen können. Verweilen Sie mit Ihrem Blick auf dem Bild und lassen sich in die Mitte hineinführen. Wenn Sie Erfahrungen mit den mittlerweile verbreiteten 3-D-Bildern haben, kennen Sie die Übung des weichen Blicks. Die Augen ruhen auf dem Bild, und der Blick geht zu einem Punkt, der weit hinter dem Bild liegt. Dies ist für ältere Kinder ein guter Anknüpfungspunkt.

Variante 2:

Der nächste Schritt führt vom äußeren zum inneren Sehen. Schauen Sie sich nochmals die Entwürfe an und wählen Sie ein Bild mit Tiefenwirkung aus. Gestalten Sie es ruhig mehrmals. Wählen Sie dann einen ausgestalteten Entwurf und schauen Sie ihn sich an. Schließen Sie ab und zu ihre Augen und stellen Sie sich das Mandala vor. Nehmen Sie sich Zeit und probieren es immer wieder, bis Sie das Bild vor ihrem inneren Auge sehen.

Variante 3:

In der vorherigen Übung waren Sie eingeladen, sich das Mandala vor dem inneren Auge vorzustellen. Jetzt möchte ich Sie einladen, sich ein Mandala in seiner räumlichen Dimension vorzustellen:
Schließen Sie die Augen und stellen Sie sich einen Würfel vor. – Wenn Sie den Würfel vor Augen haben, stellen Sie sich in diesem Würfel eine Kugel vor, die den Würfel füllt. – Stellen Sie sich in der Kugel, die im Würfel ruht, einen sechseckigen Stern vor, so wie Sie ihn vielleicht räumlich aus der Weihnachtszeit kennen. – Als letzten Schritt stellen Sie sich in der Mitte des Sternes wieder eine Kugel vor.
Lassen Sie sich auch mit dieser Übung Zeit. Wenn es schwierig ist, stellen Sie sich zuerst nur Würfel und Kugeln vor. Vielleicht ist es auch hilfreich, sich den Stern alleine vorzustellen und ihn dann in Würfel und Kugel wahrzunehmen.

Variante 4:

Eine ähnliche Übung nenne ich das Kreuz im Kosmos. Stellen Sie sich zuerst ein Kreuz, als Mandala gemalt, auf einer Fläche vor. Dann folgt die Vorstellung, daß das Kreuz in einer Kugel sichtbar ist. Das Kreuz berührt den Rand der Kugel an sechs Punkten, d.h. auch das Kreuz ist räumlich zu sehen (Christus im Kosmos). Wenn Sie sich dies vorstellen können, lassen Sie zu, daß sich dieses Bild in ihrem Inneren wandelt. Diese Vorstellung nimmt eine alte christliche Tradition auf. Das Weltall wird mit der ganzen Schöpfung als Einheit verstanden. Das Werden und Sterben der Schöpfung ist immer schon ein Wandlungsprozeß gewesen. In der Wandlung des Mandalas spiegelt sich die Wandlungsfähigkeit der Schöpfung und des Menschen wider.

Variante 5:

In dem schon erwähnten Buch von Franz Xaver Jans (s. S. 15) finden Sie eine Übung, die noch weitergeht. Sie mögen sich selbst in dem vorgestellten Raum sehen und fühlen. Diese Übung sollten Sie zunächst unter Anleitung kennenlernen.

Variante 6:

Falls es Ihnen überhaupt schwerfällt, sich ein Mandala innerlich vorzustellen und es zu visualisieren, hilft nochmals das Draht-Mandala. Sie können aus dem flach zusammengelegten Mandala leicht eine Kugel bilden. Halten Sie die Kugel vor sich hin und sehen sie an. Schließen Sie immer wieder die Augen, bis Sie sich diese Kugel vor ihrem inneren Auge vorstellen können. Wenn dies gelingt, verbinden Sie verschiedene Punkte mit einer gedachten Linie oder Fläche.

Den Raum als Mandala erleben

Die Mitte gestalten

Wenn wir mit Mandalas in einer Gruppe arbeiten, achten wir auch besonders auf die Gestaltung des Raumes. Dabei ist die Mitte, die nicht identisch sein muß mit der Raummitte, sehr wichtig. Sie ist der Ort, an dem sich Blicke und Aufmerksamkeit sammeln und ausrichten können. Sie gibt dem Raum seine Ordnung, schon bevor die Gruppe ihn betritt. Die Mitte soll einladend sein, vielleicht mit thematischem Bezug, ohne sie zu überfrachten. Sie soll klar, schlicht und »schön« ein. Dies kann z.B. ein (Seiden-)Tuch mit einer Kerze, einer Blume, einem (gelegten) Kreuz aus Holz, aus Steinen ... sein. Es gibt viele Ideen, die Mitte des Raumes zu gestalten. In der Schule ist dies sicher am schwersten zu realisieren, aber vielleicht gibt es auch dort neben den Bänken, die ja gut zum Malen geeignet sind, noch die Möglichkeit einer optischen Mitte.

Sitzordnungen und Raumwirkung

Verschiedene Sitzordnungen stellen verschiedene Kontaktmöglichkeiten dar, die sich auf die Beziehung untereinander auswirken. Experimentieren Sie einmal bewußt mit der Sitz- und Raumordnung. Nehmen Sie dann wahr, ob und wie diese Sie und die Gruppe beeinflußt. Unsere Gruppen sitzen fast immer im Kreis und gestalten so um die Mitte ein Mandala. Wählen Sie, wo es möglich ist, bei Gruppenarbeiten bewußt diese Form. So können sich alle über die Mitte und untereinander im Kreis verbinden.
Wenn Sie ein Empfinden für Raumwirkungen haben, lassen Sie einmal den gesamten Raum und die darin sitzende Gruppe in bezug auf die Mitte auf sich wirken. Nehmen Sie die Verbindung der Anwesenden zueinander wahr. Diese Verbindungslinien stellen ein strukturiertes Mandala dar. Es ist ein ganzheitliches Bild, in dem sich die Gesamtgruppe vor ihrem inneren Auge darstellt. Sie erfassen so – mit Übung und Zeit – auf eine andere Art und Weise die Gruppe.

Beginn und Abschluß als Mandala gestalten

Wenn Sie in der Gruppe Mandalas malen wollen, können Sie bereits zu Beginn durch die Gestaltung der Materialien die Idee des Mandalas sichtbar machen. Legen Sie die Muster, die Farbstifte etc. als Mandala um die Mitte. Nach dem Gestalten eines Mandalas ist es ein guter Abschluß, wenn alle ihre Mandalas wieder mitbringen und im Kreis oder Viereck um die vorhandene Mitte legen. In einem schweigenden Rundgang können sich alle die Mandalas ansehen und sich danach hinsetzen und sich über das Malen austauschen. Wenn Sie dies bewußt aufgreifen, können Sie die räumliche Dimension des Mandalas und seine Wirkung direkt und praktisch deutlich machen.

Der Raum als Spiegel des Gruppengeschehens

In gleicher Weise kann sich rund um die Mitte ein ganzer Seminarablauf oder der Verlauf eines Projektes widerspiegeln. Die Ausgestaltungen/Ergebnisse jedes Arbeitsschrittes werden in immer weiteren Kreisen um die Mitte angeordnet. So bleiben die einzelnen Phasen im Gesamtverlauf gegenwärtig, wie sie sich für die Gesamtgruppe und für jeden einzelnen entwickelt haben. Am Ende des Seminars/des Projektes nimmt jeder seine Beiträge wieder an sich. Wenn dies schrittweise von außen nach innen geschieht, vollzieht jeder nochmals den Ablauf rückwärts. Zum Schluß bleibt nur die Anfangsmitte, Zeichen für das Ende, das wieder ein neuer Anfang ist.

Mit den folgenden kurzen Anregungen möchten wir Sie einladen, mit ihrem Empfinden für Mandala-Strukturen im Raum zu experimentieren.

Kreistänze

Tanzen Sie gerne Kreistänze, z.B. meditative Tänze? Meditative Tänze sind oft getanzte Mandalas. Versuchen Sie, sich einmal den Verlauf eines Tanzes auf dem Boden gemalt vorzustellen. Die Tanzenden bewegen sich auf der Kreislinie, sie gestalten die Verbindung zur Mitte und über den Kreis hinaus, vielleicht kommen auch Bewegungen der Hände hinzu. Wenn Sie gemeinsam tanzen, nehmen Sie diese Anregung auf und spüren ganz bewußt den Raum, Ihre Bewegungen im Raum, die Beziehung zur Mitte und zueinander.
Auch die Spirale, als besondere Form des Mandalas, kann tanzend erfahren werden. – Singen Sie den Kanon »Ausgang und Eingang, Anfang und Ende« und führen sie die Gruppe, die sich an den Händen faßt, den Weg der Spirale nach innen und wieder nach außen.

Tönen

Haben Sie Freude am Tönen, am unmittelbaren Ausdruck des Klangs aus Ihrer Mitte? Jeder Ton setzt sich als Schallwelle fort, wird reflektiert, gebrochen, verstärkt. Können Sie sich die Schallwellen vorstellen, die sich um Sie verbreiten, wenn Sie sich beim Tönen im Kreis drehen? – Wenn eine Gruppe zusammen tönt, sprechen wir oft vom Entstehen eines Klangteppichs. Versuchen Sie, sich einmal den Klangteppich einer Gruppe vorzustellen, die im Kreis sitzt.

Mehrchöriges Singen

Bei uns in der Nähe liegt der Altenberger Dom, in dem ab und zu Konzerte mehrerer Chöre stattfinden. Nun hat schon der Dom allein, wie alle Kirchen, seine eigene Raumwirkung. Diese wird jedoch auf besondere Weise verstärkt, wenn beim mehrstimmigen Singen sich die Chöre kreuzförmig im Raum erteilen. Der ganze Raum wird mit Klang erfüllt, der sich in jedem Zuhörer kreuzt und zentriert.
Eine ähnliche Erfahrung können Sie beim Kanonsingen und beim Singen mehrstimmiger Gesänge (z.B. Lieder aus Taizé) machen. Wenn der Raum klingt, beginnt die Mitte in uns zu schwingen.

Thematische Arbeit und die Gestaltung innerer Prozesse

Viele Formen thematischer Arbeit gewinnen an Intensität, indem sie auf ein Mandala bezogen werden. Einige Beispiele sind bereits im ersten Teil zu finden. Im folgenden wollen wir noch weitere Möglichkeiten aufzeigen.

Wünsche weitergeben

Liebevoll gestaltete Mandalas sind ein guter Untergrund für gute Wünsche und Zusagen. So gab es in einem Seminar einen Geburtstag zu feiern. Die Wünsche wurden in ein Mandala notiert, und das Mandala wurde gemeinsam gestaltet. Das Geschenk hängt vielleicht heute noch. – Ein anderes Mal gestaltete jede(r) ein ca. 10 cm kleines Mandala und übergab es mit einem Wunsch.
In gleicher Weise können sich die Teilnehmer einer Gruppe auch untereinander Wünsche und Zusagen weiterreichen. Dies ist schön im Rahmen einer Abschlußfeier oder innerhalb eines Agape-Gottesdienstes. Dabei hat jede(r) Zeit, sich während des Gestaltens des Mandalas zu überlegen, welchen Wunsch, welche Hoffnung sie/er weitertragen möchte. Das Wunsch-Mandala kann dann gezielt weitergegeben werden (was die Möglichkeit einschließt, daß jemand keinen Wunsch erhält), oder, was ich lieber mache, in Form einer Stafette von einem zum Nächsten weitergeben, bis alle einen Wunsch erhalten haben. (Wer einen Wunsch erhalten hat, gibt seinen weiter.)

Auswertung mit Mandalas

Mit guten Erfahrungen schließen wir am Ende eines Prozesses oder eines Seminars mit einem Mandala. Um das Vorangegangene in Ruhe ausklingen zu lassen, eignet sich das ganz einfache Ausmalen eines Mandalas. Wenn mehrere Formen zur Auswahl stehen, kann über die Struktur bereits ein Stück Aussage mit einfließen. Die gestalteten Mandalas werden um die Mitte gelegt und bei einer Kreiswanderung um die Mitte wahrgenommen, ohne daß sie bewertet oder interpretiert werden. Wer mag, kann sie in seine Schlußaussage mit einbeziehen. Es überrascht immer wieder, wie anschaulich die Aussagen dadurch werden.

Einige der beiliegenden Mandalas nennen wir ganz gezielt für uns *Auswertungs-Mandalas*. Ihre Strukturen eignen sich, Fragen oder Erfahrungen den einzelnen Feldern zuzuordnen. In eine Blüte können z.B. die Früchte der letzten Tage eingetragen werden, in einem Vierer-Mandala die Gegensätze ausbalanciert werden, in sechs Kreisen um die Mitte zwischen Einzelerfahrungen Beziehungen erwachsen. Die Ausgestaltung kann in Form von Stichworten geschehen oder durch Symbole, die Farbgestaltung kann verstärkend hinzukommen. Danach können in einem Schlußgespräch Erfahrungen viel leichter benannt, Fragen formuliert und Perspektiven erkannt werden. Die Zeit für das Mandala erweist sich als sinnvolle Klärungszeit.

Ein weiteres Beispiel: Bei einer Fortbildung wurde immer wieder abstrakt von Hoffnung gesprochen. Es hörte sich richtig an, aber es fehlte an Perspektiven und Konsequenzen. Ich habe Mandalas verteilt und gebeten, die Felder mit konkreten persönlichen Perspektiven zu benennen. Es waren 8 Felder. Ich bat darum, konkrete, einfache, realisierbare Perspektiven im Uhrzeigersinn für die nächste Stunde, den nächsten Tag, den übernächsten Tag, die nächste Woche, die übernächste Woche, den Monat, das Vierteljahr und bis zum nächsten Weihnachtsfest zu benennen und einzutragen. Ein Feld war noch für eine große Zielperspektive frei, es konnte gerne auch leer bleiben. Jede(r) hatte dafür einen Vormittag und die Mittagspause (im Schweigen!) Zeit. Wer wollte, konnte Farbe und Symbole in die Gestaltung einbeziehen. Im anschließenden Gespräch wurde weniger über die

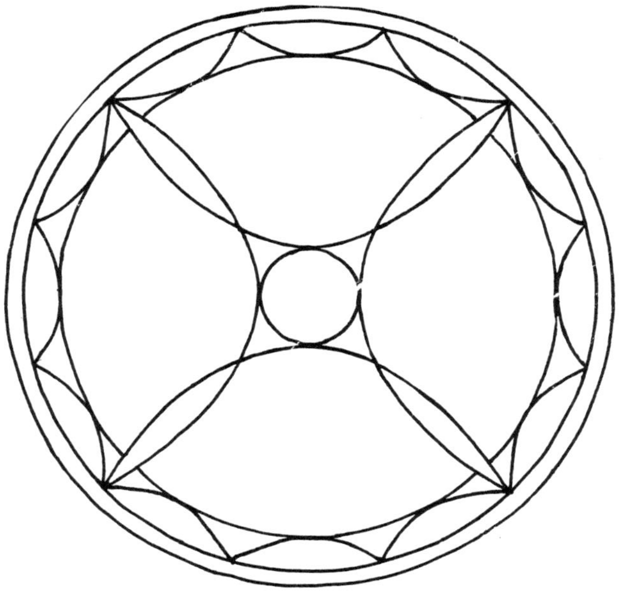

Diese Mandalas sind auch gut für thematische Arbeiten geeignet.

einzelnen Schritte gesprochen (jede(r) teilt nur soviel mit, wie er/sie mitteilen möchte/kann), vielmehr über den Prozeß und die Erfahrung, die sich im Schreiben und Gestalten ergaben. Alle erlebten dies als außerordentlich strukturierend und hilfreich – und heilsam.

Ausdruck der Befindlichkeit

Genauso wie am Ende einer gemeinsamen Zeit eignet sich das Mandala auch zu jeder anderen Zeit, die konkreten Befindlichkeiten von mir selbst aufzunehmen und auszudrücken. So kann ich als einzelne(r) oder in einer Gruppe am Ende eines Tages, in einer Pause zu Zeiten großer Belastungen, nach einer meditativen Übung oder nach einer Zeit des Schweigens meine inneren Erfahrungen gestalten. Dies kann im Nachklingen und Ausmalen eines vorgegebenen Mandalas geschehen. Eine andere Möglichkeit ist jedoch die freie Gestaltung in Ton oder auf Papier. Letzteres entspricht in der Art dem folgenden Abschnitt.

Persönlichkeitsentwicklung und ihr Ausdruck im Mandala

Variante 1: Freies Gestalten in Ton

Eine meiner ersten Begegnungen mit dem Mandala liegt ungefähr 20 Jahre zurück. Damals gestaltete ich aus der Eutonie und der Übung der Meditation ein Tonbild. Es wurde ein Mandala, ohne daß ich dies als solches wahrnahm. Ob ich Mandalas überhaupt schon kannte, weiß ich nicht mehr. Es war für mich eine tiefe Erfahrung, die sich in dieser Form ausdrückte. Zu Hause glasierte ich die Tonplatte und hängte sie auf. Sie begleitet mich bis heute.
Diese Erfahrung bestätigt die Beobachtung C.G. Jungs, daß wir spontan, ohne Vorgabe die Form des Mandalas wählen, um innere Prozesse auszudrücken. Seitdem mir dieser Vorgang bewußt wurde,

verbinde ich Ton und Mandala gerne. Zum einen als Ausdrucksmittel innerer Prozesse, aber auch als motivierendes Material zur kreativen Gestaltung einfacher Mandalas (s. S. 25). Menschwerdung im geistlichen Sinne findet seine Gestalt im Mandala.

Variante 2: Freies Gestalten im leeren Kreis

Eine besondere Art des Mandala-Malens ist das Freie Zeichnen in den leeren Kreis. Auch dies geht auf C.G. Jung zurück. Er hatte – wie gesagt – entdeckt, daß seine Klienten Träume und innere Bilder spontan in kreisförmigen Bildelementen (Tisch, Brunnen, Mond u.a.) oder ganz in runden Bildern ausdrückten und darin ihre eigene innere Struktur entwickelten. Dadurch angeregt, entwickelte sich neben dem gezielten Einsatz in der Therapie eine gute Form der Selbsterfahrung. Indem ich meine jeweilige Befindlichkeit in Form und Farbe in einen leeren Kreis zeichne, gewinnt sie Gestalt. Ich kann mich von ihr lösen und sie ansehen.

Nehmen Sie doch einmal das Blatt mit dem Kreis und der leeren Fläche (Nr. 21) und lassen sich in der Gestaltung ganz aus dem Moment leiten. Im Anschauen und Nachklingenlassen können Sie sich selbst begegnen. Ich selbst habe in zugespitzten, anstrengenden, persönlichen Situationen freie Kreisbilder gestaltet. Ich brachte so für mich mein Inneres zum Ausdruck, das ich zwar fühlen, aber anders nicht benennen, akzeptieren oder nehmen konnte.

Im Mandala gewann es nicht nur eine äußere Form, sondern erschloß sich mir als innerer Prozeß. Diffuse Situationen und auch solche der Angst drückten sich aus und wandelten sich im Malprozeß. Meine Befindlichkeit konnte ich einerseits zulassen und andererseits gewann ich Form und Fassung. Im Mandala entdeckte ich einen Rahmen, der meinen persönlichen Ausdruck aufnimmt und dabei innere Verständnis-, Wahrnehmungs- und Ordnungsstrukturen fördert.

In diesem Sinne ist auch die Anregung von S. 16 zu verstehen, Mandalas ins Tagebuch zu malen oder Mandalas als Tagebuch zu verstehen. Schreiben Sie dazu das Datum auf die Rückseite und notieren Sie sich Einfälle, Gedichte, Träume u.ä. zu ihrem Mandala. Machen Sie dies nicht nur bei der Entstehung, sondern immer dann, wenn Ihnen zu diesem Mandala wieder etwas einfällt.

Freies Gestalten nach einem Text, der Menschen anrührt

Die Arbeit mit dem leeren Kreis ist auch eine gute Hilfe, nach Märchen, Geschichten, Phantasiereisen und Texten das auszudrükken, was mich berührt. Der Kreis bringt die Aussage auf »den Punkt«, begrenzt und umschließt sie. Dazu braucht es keine Vorerfahrung mit Mandalas.

Erzählen, lesen oder hören Sie den Text. Lassen Sie ihn noch einen Moment in die Stille ausklingen.

Danach kann die Mitte gestaltet werden. Bei dieser Arbeit haben wir gute Erfahrungen mit farbintensiven Kreiden gemacht, natürlich liegen auch Buntstifte bereit. Der Prozeß verändert sich noch einmal, wenn mit zarten Aquarellfarben gemalt wird.

- *Ein Beispiel:*

In Psalm 1 heißt es sinngemäß:

Der (Gott vertrauende) Mensch ist wie ein Baum
gepflanzt an den Wasserbächen,
der seine Frucht bringt zu seiner Zeit,
und alles was er macht gerät wohl.

Dieses Bild haben junge Menschen in den Kreis gemalt, es wurden ausnahmslos Mandalas. Im Schauen und im anschließenden Austausch über die Bilder wurde der Text ganz persönlich erschlossen.

- *Ein weiteres Beispiel:*

Es ist schön, mit Kindern die Schöpfungsgeschichte als Phantasiereise zu erleben. Anschließend kann jedes Kind sein stärkstes Bild malen. Durch die Vorgabe des Kreises wird hier indirekt das Bild der Erde bei allen aufgenommen. Es entstehen Wandfriese, die die Geschichte ganz individuell nacherzählen.

Weitere Anregungen, Texte zu erschließen

Im ersten Teil haben wir mit dem Märchen von Frau Holle bereits eine Möglichkeit aufgezeigt, wie Texte in Mandalas erschlossen oder gestaltet werden können. Wir möchten noch ein paar einfache Anregungen hinzufügen:

- Gestalten Sie ein Märchen, eine Geschichte als Mandala, indem Sie die zentrale Aussage in einem Mittelbild darstellen. Darum herum spiegeln die einzelnen Segmente des Kreises die Abschnitte der Geschichte wider. Der äußere Rahmen, der alles umschließt, kann ein Kreis aus Symbolen sein, die eine Aussage des Textes hervorheben.

- Ein solcher Symbolkreis kann auch einen freien Mittelraum umschließen, in den Kinder nach einer Geschichte etc. ihr Bild malen.

- Ein Gedicht - Ihr Lieblingsgedicht - kann in einem Mandala Ausdruck erhalten. Schmücken Sie es aus und schreiben den Text hinein.

- Schreiben Sie den wichtigsten Satz aus einem Text immer wieder neu – als Spirale, als Labyrinth, als Blume, als geometrisches Feld. Die Möglichkeiten sind unerschöpflich. Der Satz erschließt sich in der fortwährenden Wiederholung neu – eine Form der Schreibmeditation.

Labyrinth und Spirale

Zum Abschluß möchten wir noch einmal Labyrinth und Spirale als zwei Sonderformen des Mandalas hervorheben. Durch sie ist der Weg zur Mitte und aus der Mitte besonders gut nachzuvollziehen.

Spirale und Labyrinth weisen uns den Weg. Sie führen nicht nur zur Mitte, sondern sie symbolisieren den Lebensweg. Es lohnt sich, sich ausführlicher mit ihnen zu beschäftigen.

Spirale

Die Spirale verbindet Linie und Kreis, Ausgang und Eingang, Anfang und Ende. Das Erleben des Spiralwegs vollzieht sich in diesem Spannungsfeld. Einige Anregungen dazu waren bereits im vorangegangenen Text zu finden.
So die Anregung, die beiden Grundrichtungen der Spirale (siehe Rückseite des Heftes) durch Entlangfahren und Ausgestalten zu erfassen (s. S. 13 f.) oder das Singen und Tanzen des Kanons »Ausgang und Eingang« als Spirale (s. S. 31).

Dies können Sie noch fortführen:

- Schreiben Sie Mandalas. Schreiben Sie einen Text/ein Gedicht einmal in einer Spirale. Kinder und Jugendliche schreiben so ganze Briefe. Beginnen Sie außen oder innen.

- Nehmen Sie einen weichen Wachsstift oder einen Pinsel mit Farbe und malen Sie in einem Zug eine Spirale. Malen Sie einmal von innen, einmal von außen. Nehmen Sie jeweils ein neues Blatt pro Spirale und wählen Sie am Schluß die Spirale aus, die Ihnen entspricht. Betrachten Sie das Bild und hängen es auf. Es wird Sie begleiten.

- Eine Spirale spiegelt den Lebensweg. Wenn Sie sich viel Zeit nehmen, malen Sie eine Spirale – wie oben beschrieben. Setzen Sie den Anfang Ihres Lebens auf der Spirale fest und malen Sie auf dem Spiralweg Ihre wesentlichen Lebenssituationen. Dies können Sie auch thematisch eingrenzen, z.B. meine Gottesbeziehungen oder gelungene Wandlungsprozesse oder ...

- Gehen Sie den Weg. Ritzen. malen oder legen Sie eine Spirale großzügig in die freie Natur oder auf einen großen Platz. Gehen Sie nacheinander diesen Weg im eigenen Rhythmus. Verweilen Sie in der Mitte. Probieren Sie auch hier aus: Wie geht es von außen nach innen, wie von innen nach außen? Wo fühlen Sie sich wohler?

- Eine Steigerung erfährt das Gehen der Spirale, wenn Sie sich gegenseitig in die Mitte und hinaus führen. Dies sollte nur da geschehen, wo Vertrauen zueinander besteht. Die Frage, wieweit ich es bin, der zur Mitte geht oder der zur Mitte/aus der Mitte geführt wird, ist eine Grundfrage der Meditation.

- Ein anderer Aspekt ist die Seminarauswertung mit einer Spirale: Ein Beispiel: Mit Tesakrepp wird eine große Spirale auf den Fußboden geklebt. Die Mitte symbolisiert das Thema oder besser die Erwartungen an das Seminar, mit dem er oder sie gekommen sind. Jede(r) geht bewußt den Weg bis zur Mitte und setzt sich auf dem Rückweg so auf die Spirale, wie sie oder er dem Thema oder den Erwartungen nahegekommen ist. Aus dieser Sitzsituation erfolgt das Abschlußgespräch.

- Es gibt ein Spiel, das auf den Gedanken des Nikolaus von Kues basiert. Auf einem Spielplan sind 9 konzentrische Kreise abgebildet. Mit einer Kugel soll die Mitte erreicht werden. Nur: die Kugel ist an einer Seite eingedellt, so daß sie nicht geradeaus rollt, sondern ihren Weg in spiralenförmigen Linien sucht. Sie können dieses Spiel als ein einfaches Geschicklichkeitsspiel ansehen, Sie können es aber auch, wie Nikolaus von der Kues, als Ausdruck der Wirklichkeit erfahren. (Das Spiel ist von Hannelore Goldschmidt, zu beziehen über das DRK-Sozialwerk GmbH, 54470 Bernkastel-Kues, das Begleitheft ist im Paulinus-Verlag, Trier, erschienen.)

Labyrinth

Das Labyrinth von Chartres (Vorlage Nr. 20) haben Sie bereits kennengelernt (s. S. 13). Machen Sie damit weitere Erfahrungen!

- Bevor Sie das Labyrinth auf andere Böden übertragen, versuchen Sie, im Betrachten zunächst einmal das Ordnungsmuster dieses Labyrinths zu erfassen. Dies hilft, sowohl es zu legen als auch es zu verstehen (z.B. Zahl der Kreise, Vierteilung durch das Kreuz der Wendepunkte).

- Malen Sie das Labyrinth mit Kreiden vergrößert auf den Boden und gehen Sie es. Legen Sie es alternativ mit Steinplatten in den Rasen. Beides ist für kleinere Gruppen intensiv und kreativ. Wir fanden einmal frisch geschälte Baumstämme und legten es aus langen Rindenstücken auf eine große Wegkreuzung im Wald. Gehen Sie Ihr Labyrinth und achten auf Ihre Empfindungen. Lassen Sie sich, wie bei der Spirale, blind hinein- und hinausführen.

- Eine Gemeinde hat mit Hecken das Labyrinth gepflanzt. Ich fand dies toll, in dem Labyrinth zu gehen, ohne den Weg zur Mitte zu sehen. Meine Orientierung war verschwunden. (Eine andere Gemeinde pflanzte nur eine kleine 40 cm hohe Hecke, der Unterschied in der Wahrnehmung war enorm.) Natürlich braucht eine 2 m hohe Hecke viel Pflege und lange Wachstumszeit. Vielleicht gibt es ein solches Labyrinth in Ihrer Nähe (z.B. in einem Kloster- oder Schloßgarten). Es lohnt sich, solch ein Labyrinth langsam und mehrmals zu durchschreiten.

- Entwerfen Sie ein Labyrinth selbst. Nehmen Sie alle Ansprüche und Vergleiche mit Chartres zurück. Machen Sie Versuche und gehen/malen Sie Schritt für Schritt.

- Zum Abschluß: Vielleicht ist diese Vielfalt von Möglichkeiten für Sie ebenfalls wie ein Labyrinth, dessen Weg Sie nicht übersehen. Probieren Sie aus, was Sie anspricht. Der Weg wird deutlich, indem Sie ihn gehen.

3. Teil – Texte, Geschichten und meditative Impulse zu einigen Mandalas

Der dritte Teil dieses Heftes enthält Impulse und Geschichten zu einzelnen Mandalas. Sie wollen eine Anregung sein, Mandalas mit inhaltlichen Anregungen zu verbinden. Die Texte sind recht verschieden: Einmal begegnet Ihnen ein Märchen, dann ein meditativer Text, dann ein Liedvers...
Es gibt viele Anlässe, Mandalas und Texte zu verbinden: als Morgeneinstieg, in einer kleinen geistlichen Feier, im Kindergottesdienst, zu einer Unterrichtsstunde in der Schule oder im kirchlichen Bereich ...

Gehen Sie mit diesen Texten frei um. Sie können durch Sie neue Gestalt gewinnen, Rhythmus entwickeln, Stille vertiefen.

Bild 2
Der Weg zur Mitte

Vor einiger Zeit –
es war gestern oder gerade jetzt –
durchwanderte eine Frau die Welt
suchte Anfang und Ursprung.

Sie durchwanderte den äußeren Raum,
horchte nach innen.
Der Weg öffnete sich
und sie durchschritt ihn –
Schritt für Schritt.

Sie ging durch das Tor
und suchte den letzten Schritt
ins Zentrum.

Sie folgte dem gewohnten Weg
und lief im Kreis.
Sie dachte und grübelte, fragte und diskutierte,
zweifelte und blickte zurück.
Sie ging hin und her, aus und ein.

Vor Erschöpfung nahm sie Platz,
wurde still und schaute;
ein kleiner Vogel setzte sich in die Mitte.

Sie erkannte den Weg
und sprang
in den Brunnen.

Bild 3
Baum für Baum

Auf einer Lichtung
standen vier Bäume

Der eine Baum stand stattlich und groß,
erreichte viel Licht, aber seine Wurzeln drangen kaum bis zum Wasser.
Der zweite Baum entfaltete sich in der Breite,
hatte viel Raum, aber er stand nicht fest.
Der dritte Baum war tief verwurzelt,
trank das Wasser in vollen Zügen, aber er reichte nicht bis zum Licht.
Der vierte Baum hatte von jedem ein wenig,
aber nicht genug und kümmerte vor sich hin.

Lange Jahre lebten die Bäume nebeneinander.

Eines Tages
teilte der mit der Höhe sein Licht,
speiste der mit den tiefen Wurzeln die anderen,
schenkte der mit der Breite den anderen Raum
und der vierte erkannte die Fülle und nahm sie an.

So lebten sie zusammen, waren ein Wald und trugen Frucht.

Nachtrag:
Der Mensch, der im Vertrauen Gottes lebt,
ist wie ein Baum, gepflanzt an den Wasserbächen,
der seine Frucht bringt zu seiner Zeit
und was er macht gerät wohl.
(Psalm 1)

Bild 4
Das Weizenkorn

Das Weizenkorn im Boden lag
die Dunkelheit es sehr erschrak.
Es wurde feucht, es wurde klamm,
dem kleinen Korn ward angst und bang.

Es wurde dick, es platzte auf,
ein kleiner Keim schob sich herauf.
Mit etwas Kraft, mit Zeit zum Werden
streckt er den Halm aus tiefen Erden.

Erst war er hell, dann wurd' er grün,
du kannst jetzt etwas an ihm ziehn,
er wächst heran, er hat's erreicht
er schwankt im Wind stabil und leicht.

Ganz oben an dem Ende gar,
färbt sich die Ähre wunderbar,
von grün nach gelb zum Sonnenton,
die Körner in ihr reifen schon.

Und eines Tages ist's soweit,
die Körner sind es langsam leid,
aus ihrer Höh' fall'n sie herab,
und legen sich im Boden ab.

Bild 4
Wandlungen

Wenn das Weizenkorn nicht stirbt,
sich nicht wandelt,
erwacht es nicht
zum Neuen,
zum neuen Leben
und keimt nicht.

Stirbt das Weizenkorn,
wandelt es sich,
keimt,
durchstößt die Schalen,
dringt aus dem Boden,
wächst im Licht
und trägt Frucht.

Wenn die alten Gewohnheiten sterben,
wandelst du dich,
keimt neues Leben
in deiner Seele, in deinem Gesicht, in deinem Körper
durchbrichst du deine Härte
gegenüber dir selbst
löst du deine Schale auf
entdeckst deinen Nährboden
gefüllt.

Bild 5
Und die Weisheit spielte vor Gott

Und die Weisheit spielte vor Gott,
und erfüllte das ganze Weltall.

Sie spielte
in Formen und Farben,
in Liedern und Tönen,
in Gedanken und Schweigen,
in Tanz und Gebärde.

Und die Weisheit Gottes erklang in den Herzen der Menschen.

Die Menschen erkannten die Wahrheit,
sie schmeckten die Echtheit des Lebens,
sie gestalteten die Zuversicht
sie schenkten ihren Träumen Aufmerksamkeit.

Die Weisheit spielt vor Gott
und erfüllt das ganze Weltall
füllt die Herzen
mit Eintracht, Staunen und Zärtlichkeit
mit Würde, Achtung und Liebe.

Bild 6
Das Lebensrad durchschreiten

Ich stand in der Mitte einer alten Kirche. Auf dem Fußboden war ein Mosaik. Ich trat in die Mitte des Bildes und spürte die Kraft dieses Ortes. Sie durchstrahlte mich, sie durchstrahlte den ganzen Raum. Es war so, als ob Himmel und Erde sich berührten, und ich sah mich selbst in dem Bild.

Ich wußte, dieses Bild ist mein Lebensrad. Ich sah die acht Rauten, eins für jedes Jahrzehnt. »Wenn es hochkommt, werden es achtzig Jahre.«
Bald werde ich bei meinen letzten Lebensschritten angekommen sein.

Zögernd trat ich in die erste Raute.

und sah noch einmal meine Kindheit.

Ich schritt weiter und sah meine Jugend,

dann mein Verliebtsein und die Geburt meiner Kinder.

Ein Schritt weiter, die Zeit voller Krieg.

Noch ein Schritt, die Zeit des neuen Anfangs.

Dann die Zeit der Fülle.

Und jetzt, die Zeit der Ruhe und des Alterns.

Ich habe diese Rauten lange angeschaut und bin nach Hause gegangen Wie oft bin ich wiedergekommen. Die Erinnerungen ließen mich nicht los. Ich habe geklagt, gezweifelt, geweint, gewütet, geflucht. Dann – irgendwann konnte ich tief durchatmen, danken und leben: Augenblick für Augenblick.

Die Bilder in den Ecken haben mir geholfen. Es sind die Kreuze der Wandlung, der Veränderung.

Das Leben ist mehr als die Zahl der Jahre. Ich habe vier große Veränderungen entdeckt:

das Geboren-Werden

das Selbständig-Werden

das Zur-Ruhe-Kommen

das Loslassen und Sterben

Und ... von Ecke zu Ecke schreitend entdeckte ich: Dies geschieht nicht nur in den jeweiligen Lebensabschnitten.

Ich erlebe das Geboren-Werden, diese Wandlungen immer wieder. Ich entdecke, daß ich etwas neu beginnen will, daß ich oft im Leben einen neuen Anfang brauche, und dazu ist der Abschied von manchem Alten und Liebgewonnenen notwendig.

Und ebenso geht es mir mit dem Selbständig-Werden und der Verantwortung, die mir erwächst. Jeden Tag, jeden Augenblick kann ich üben, sie anzunehmen.

Am schwersten ist es aber, zur Ruhe zu kommen, still zu werden und zu hören, was wirklich um uns und in uns geschieht. Das Leise und Stille überhöre ich leicht.

Und das Sterben? Ja, auch das Sterben gehört dazu. Da stirbt nicht nur die Zeit der Kindheit, da sterben nicht nur alte Beziehungen oder verbrauchte Zellen. Da sterben unerfüllte Wünsche, Illusionen und machen neuen Wünschen und Lebensräumen Platz.

So hat jedes seine Zeit und begegnet uns doch in jedem Lebensbezug wieder.

Endlich sah ich – nach vielen Besuchen – auf die Mitte, schaute auf die acht Strahlen und erahnte ihre Bedeutungen.

Diese acht Strahlen wurden mir zu Anstößen für ein erfülltes, neu erwachtes Leben. Es war wie eine Geburt. Ich ging die Strahlen entlang. Ich habe sie meine Brüder und Schwestern genannt. Wenn ich mit ihnen spreche, nenne ich sie

Schwester Einfachheit
Bruder Leben
Schwester Sanftmut
Bruder Gerechtigkeit

Schwester Barmherzigkeit
Bruder Herz
Schwester Frieden
Bruder Treue.

Diese Brüder und Schwestern stoßen mich an, ziehen mich zur Mitte, machen mein Leben einfacher und reicher, und sie haben mir geholfen, viel Unwichtiges abzulegen.

Ich schaue wieder auf den Fußboden, sehe mir das ganze Bild an und stelle mich auf die Mitte. Sie berührt mich, sie trägt mich, vielleicht sogar stärker als je zuvor.

Bild 7
Du umhüllst mich

Ein Indianermädchen saß auf dem Boden und schaute vor sich auf den Sand. Es war mit großen Gedanken beschäftigt und zog gerade und krumme Linien.

Sie malte ein Kreuz in den Sand und es zeigte zum Himmel und zur Erde und zeigte alle Geschöpfe, alles war miteinander verbunden. Dies gefiel ihr. Sie malte den Erdkreis um das Kreuz.

Dann umgab sie die Erde mit einem Viereck. Das war ihr Land, ihre Heimat, in der sie lebte.

Ihr Großvater fiel ihr ein, er hatte von den heiligen Winden des Ostens und Westens, des Nordens und des Südens erzählt. Sie malt für jeden Wind einen kleinen Kasten und schmückte ihn. In den Kasten malte sie ein Tipi, ein Indianerzelt, und über den Erdkreis, über die Spitze des Kreuzes malte sie ein großes Zelt für alle Völker der Menschen, die sie kannte. Darüber bildete sie den Horizont des Himmels ab, dort, wo sich Himmel und Erde berühren. Die vielen Hautfarben der Menschen zogen wie Bilder durch ihren Kopf. Da ihr immer neue Menschen einfielen, malte sie noch weitere kleine Tipis in die Ecken des Vierecks. Sie wünschte sich, daß alle Menschen ein Zuhause hatten.

Und Gott, wußte sie, umgibt alles, was lebt und zog einen großen Kreis um das Bild.

Sie stand auf und klopfte sich den Staub von den Händen. »Mein Bild sieht gut aus, nein, es ist gut«, dachte sie und sah: »Gott umhüllt alles.« Und sie malte den Kreis noch einmal.

Bild 8
Stern-Sucher

Vom Anbeginn der Welt an umgaben die Sterne die Erde. Der Himmel war klar und hell, die Sterne leuchteten weit sichtbar. Eines Tages wanderte ein heller Stern von Osten nach Westen und malte ein Wegzeichen in den Himmel. Eine Gruppe von Menschen beschloß, mit dem wenigen, das sie hatte, dem Stern in eine neue Zukunft zu folgen. Sie folgten ihm des Nachts und ruhten tagsüber.

Das Ende kam und der Stern blieb stehen. Er rührte sich nicht mehr. Die Menschen waren verwundert. Hier war nichts Neues, nichts Außergewöhnliches, nichts Wunderbares.

Hier sollten sie leben? Deshalb waren sie aufgebrochen und so lange gewandert? Sie hatten sich mehr versprochen und fühlten sich vom Stern betrogen. Sie jammerten und klagten.

Die Kinder aber schauten sich um. Sie waren froh, nicht weiter wandern zu müssen. Endlich war die Reise zu Ende. Endlich hatten sie einen Ort, an dem sie bleiben durften, sie entdeckten ihr Zuhause. Es gab Erde und Wasser, Bäume und Sträucher, Wiesen und Steine.

Die Kinder hatten keine Erwartungen an die Reise, sie suchten nichts und fanden alles, was sie brauchten. Sie waren dankbar. Der Stern, das einzige, was ihnen bei der langen Reise vertraut war und sie nie im Stich gelassen hatte, blieb bei ihnen. Es war ihnen selbstverständlich: Hier war ihr Zuhause. Sie bauten sich Hütten und ließen sich nieder.

Viele Erwachsene aber waren wütend. Sie haßten diesen Fleck Erde, traten die Pflanzen und spuckten ins Wasser.

Der Stern war schuld: Sie hatten keine Heimat mehr, und sie verfluchten den Stern.

Der Stern war schuld: Sie hatten keine Nahrung mehr, und sie verfluchten den Stern.

Der Stern war schuld: Sie hatten kein Vertrauen mehr, und sie verfluchten den Stern.

Da sprang der Stern in tausend Stücke, sie lachten gehässig und freuten sich.

Doch die Kinder und manche Erwachsene sammelten die kleinen Bruchstücke auf. Und siehe da: Es waren lauter kleine Sterne, die leuchteten.
Manche legten ihre Teile zusammen; da wanderte ein neuer Stern an den Himmel.
Andere verschenkten die kleinen Sterne. Dort, wo Menschen das Geschenk annehmen konnten, leuchtete der Stern in ihnen auf, und sie erkannten sich selbst und ihr Zuhause.

Bild 12
Hand aus der Mitte

Ich atme aus
und folge deiner Hand.
Mein Atem folgt Dir,
überwindet
die selbstgesetzten Grenzen.
Ich kann loslassen,
was mich hindert zu Dir.
Ich halte mich aus,
Atemzug um Atemzug,
weil Du mich aushältst,
frei hältst,
weil Du deinen Geist verschenkst.
Zärtlich begegnest Du mir,
in meinem Maß und meinen Selbstdrehungen,
in meinem Trübsal und Überdruß,
in meiner Angst und meinen Auflösungserscheinungen.
Ich atme ein.
Ich atme aus.
Du atmest ein.
Du atmest aus.
Ich in Dir und Du in mir.

Bild 13
Schöpfung

Alles war gut.
Vom ersten Atemzug an –
Du bist da.
Füllst die Welt mit deinem Geist,
schenkst ihn allen Völkern und Rassen,
Frauen und Männern allen Geschöpfen,
damit sie sich in alle Richtungen verteilen
und deinen Atem empfangen und geben.

Alles war gut,
vom ersten Atemzug an:
Du bist da.
Ich spüre dich in allen Winkeln des Lebens,
in den Ecken und Kanten meiner Seele,
in der Anmut und den Beschwerden meines Leibes,
in den Verästelungen und dem Labyrinth meines Geistes.

Alles war gut,
vom ersten Atemzug an.
Du bist da.
Ich halte inne – höre die Stille
Du füllst mich mit den Gaben meiner Möglichkeiten,
Du füllst mich mit der Liebe des Augenblickes
Du umhüllst mich in der Nacht mit deinem Licht.

Du bist da – immer.

Bild 14 Ich bin der Weg – Eine lange Geschichte, mit einem Mandala kurz erzählt

(Sie kann auch länger erzählt oder mit den Mandalas auf dem Overhead-Projektor zu einem »bebilderten« Text werden.)

Am Anfang war Jesus. Er war die Mitte.
Seine Freunde und Freundinnen folgten ihm,
richteten sich an seiner Mitte aus.

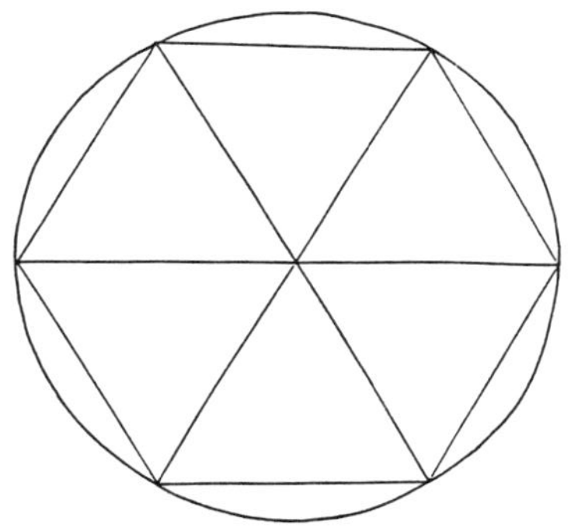

Dann ward es Abend. Das Gewohnte zerbrach über Nacht.
Karfreitag. Alle wurden auf sich geworfen.
Sie rangen um ihr eigene Mitte. Sie verschlossen sich in
sich selbst und berührten sich doch.

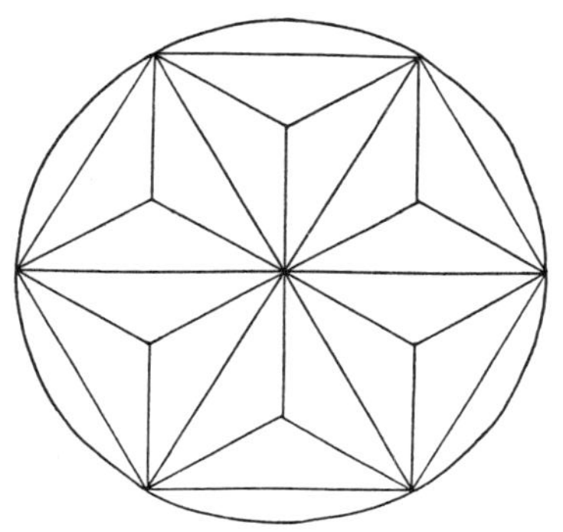

Es wurde Morgen. Ostermorgen. Hoffnung keimte auf.
Die gemeinsame Mitte entfaltete sich neu.
Sie übernahmen die Verantwortung für sich.
So entdeckten sie die Mitte des Lebens und ihre eigene Mitte.
Sie feierten Auferstehung und waren doch voller Angst.

Sie rückten aneinander, vertrauten einander, teilten miteinander. Gemeinsam trugen sie Früchte, pflegten ihre Gemeinschaft mit Brot und Wein, entfalteten sich, berührten sich, ergänzten sich, überlappten sich, verbanden sich miteinander und blühten auf.

Der Tag kam überraschend. Sie durchbrachen die Grenzen,
die Kraft floß, der Geist durchatmete sie, die Absperrungen fielen.
Sie wurden lebendig und strömten nach außen.
Sie fanden eine Sprache, überwanden Armut und Reichtum.
Es war der Anfang vom Ende der Turmbauten von Babel,
New York, Tokio, Frankfurt ...

Und der Kosmos verbeugte sich vor der Mitte des Lebens.

Bild 16 und 10
Sich entfalten

Wie die zarten Blumen willig sich entfalten
und der Sonne stille halten,
laß mich so still und froh,
deine Strahlen fassen,
und dich wirken lassen.
Du durchdringest alles;
laß dein schönstes Lichte,
Herr, berühren mein Gesichte.

Gerhard Tersteegen
Aus: Gott ist gegenwärtig, Strophe 6 (Text umgestellt)

Bild 17
Ostermorgen

Am Morgen, kurz vor halb sechs, saß Lars bereits in der Kirche. Um 6 Uhr sollte der Gottesdienst mit dem Sonnenaufgang beginnen. Aber Lars war in der zweiten Klasse und hatte sich den Kalender angeschaut. Dort stand: Sonnenaufgang 5.31 Uhr. Deshalb war er schon hier. Er war mit der Küsterin in die Kirche gekommen, er wollte ihr helfen, die vielen kleinen Osterkerzen auszuteilen. Die beiden kannten sich seit Jahren. Seine Eltern konnten in Ruhe noch eine Tasse Kaffee trinken.

Nun saß er auf der Bank gegenüber dem runden Fenster über dem Altar. Er schaute auf das Fenster. »Die Kirche ist so gebaut, daß der Sonnenstrahl morgens durch dieses Fenster fällt. Der Baumeister hat es vor einigen Jahrhunderten so gebaut, daß morgens die ersten Lichtstrahlen auf den Altar und das Kreuz fallen«, hatte der Vater Lars erzählt. Lars hatte gut zugehört.

Nun wartete er. Er war der einzige, der zum richtigen Zeitpunkt in der Kirche war. Er war neugierig, saß da und schaute. Das Fenster war in der dunklen Kirche fast nicht zu sehen. Es war ein buntes Glasfenster mit einem Kreuz. Für den Ostermorgen-Gottesdienst war die Kirche noch dunkel und ganz ohne Licht.

So wartete er ohne jede Bewegung und starrte zu dem Fenster hinauf. Sein Nacken tat schon ein wenig weh.

Plötzlich schien ein Lichtstrahl durch das Fenster. Er war rot und gelb zugleich. Auf dem schwarzen Altar war eine rotgelbe Linie zu sehen. Das Fenster wurde mehr und mehr von der aufgehenden Sonne erfaßt, und es begann in der dunklen Kirche zu leuchten und zu strahlen.

Lars hielt die Luft an und staunte. Er ahnte auf einmal etwas von Ostern. Er sah die Frauen zum Grab gehen, in das Jesus gelegt worden war. Und die Frauen standen im dunklen Grab, und dann fiel ein Lichtstrahl, dann das ganze Licht in das Dunkel. Lars fühlte: »Ostern ist, wenn das Dunkel hell wird«.

Er schaute wieder auf das Fenster und sah, wie die Farben des Kreuzes verblaßten. Die ganze Kirche wurde allmählich heller. Lars atmete laut aus und hörte eine Stimme hinter sich. Es war die Küsterin: »Deshalb warst du so früh hier. Alle Achtung. – Komm, laß uns die Osterkerzen austeilen.«

Lars sprang auf und nahm die Kerzen in die Hand. Er wußte: »Ein Licht macht die Dunkelheit hell. Eine Kerze hellt die ganze Kirche auf.«

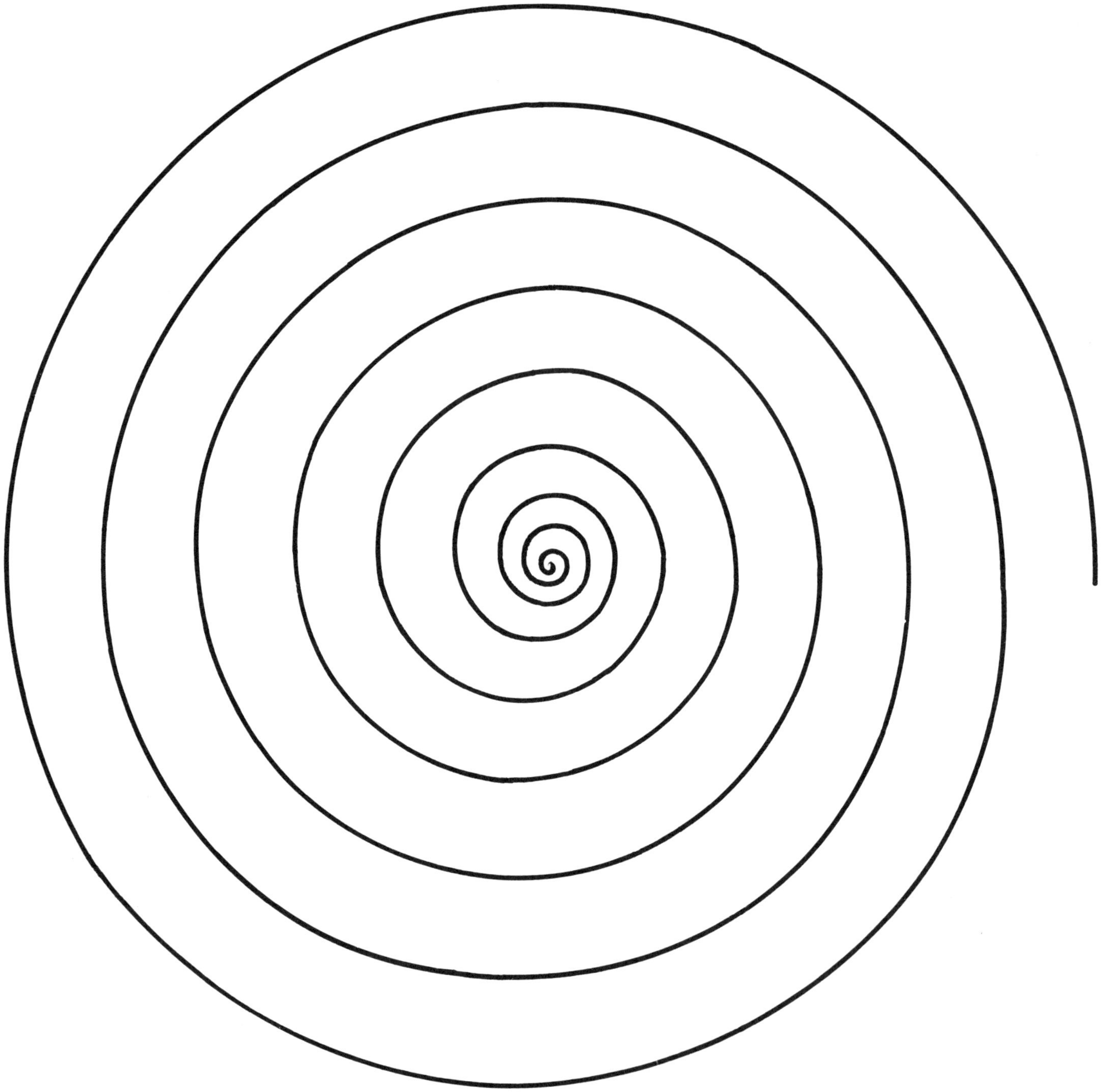

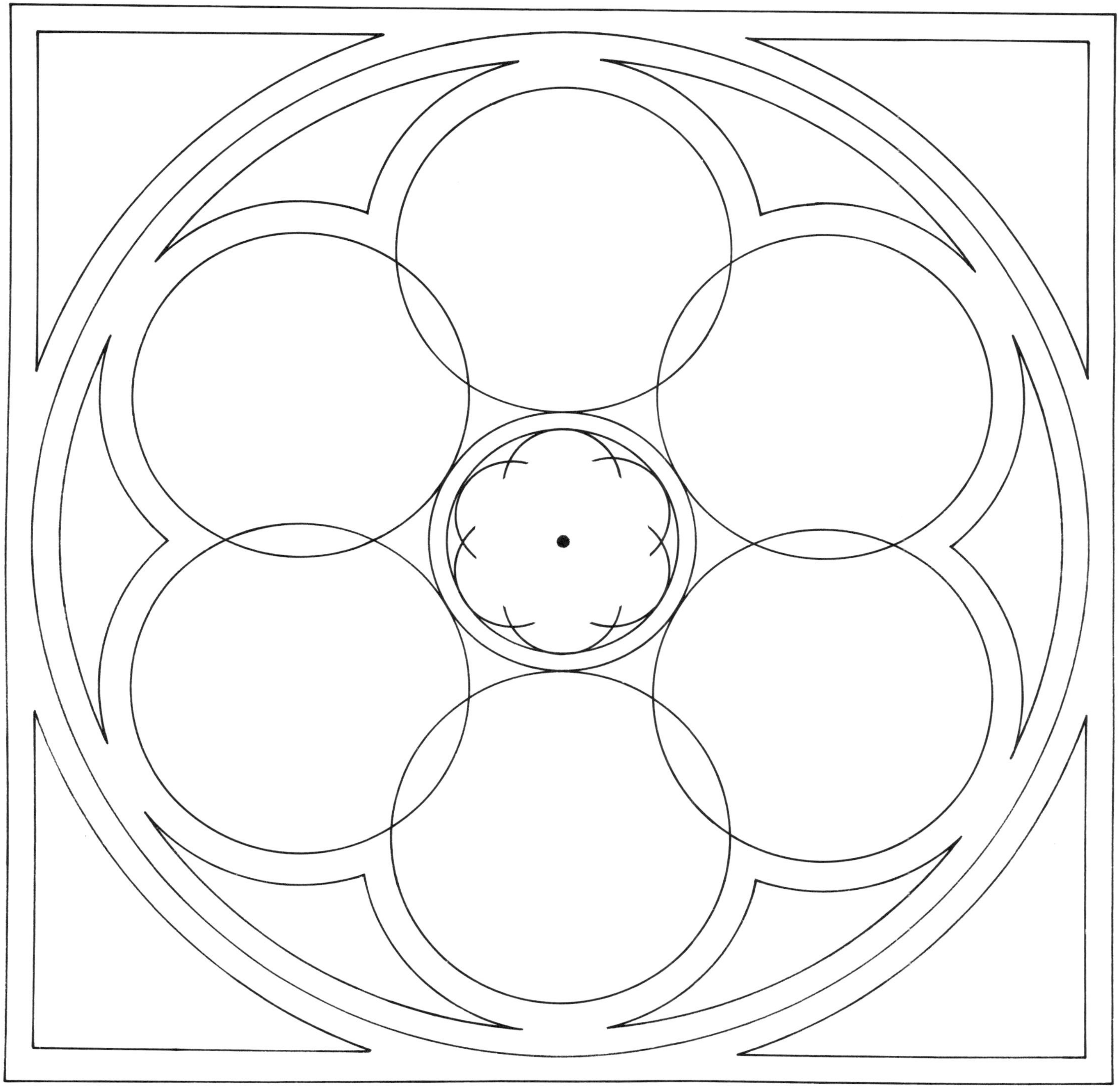

Bild 1

Bild 2

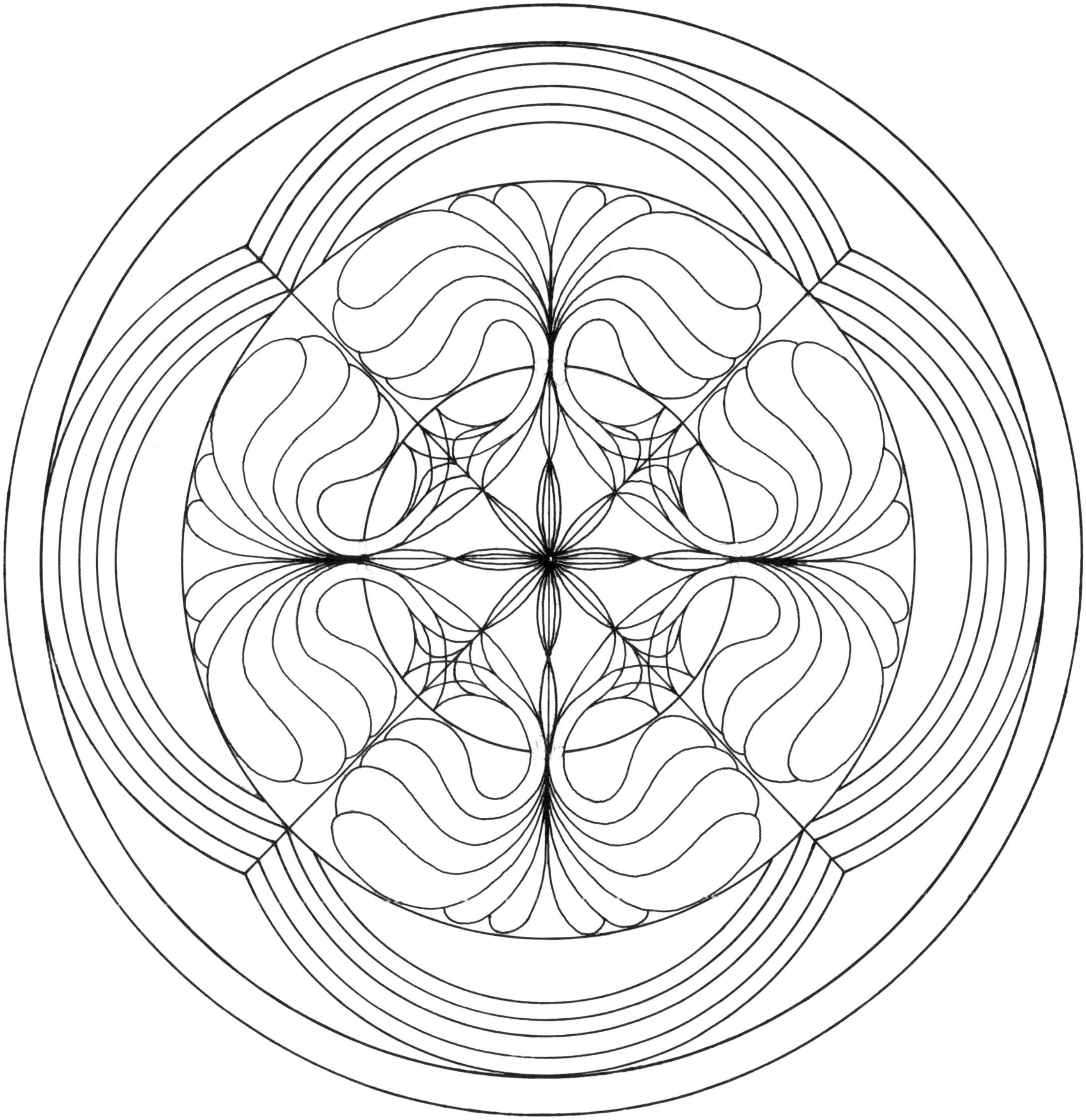

Bild 3

Bild 4

Bild 5

Bild 6

Bild 7

Bild 8

Bild 9

Bild 10

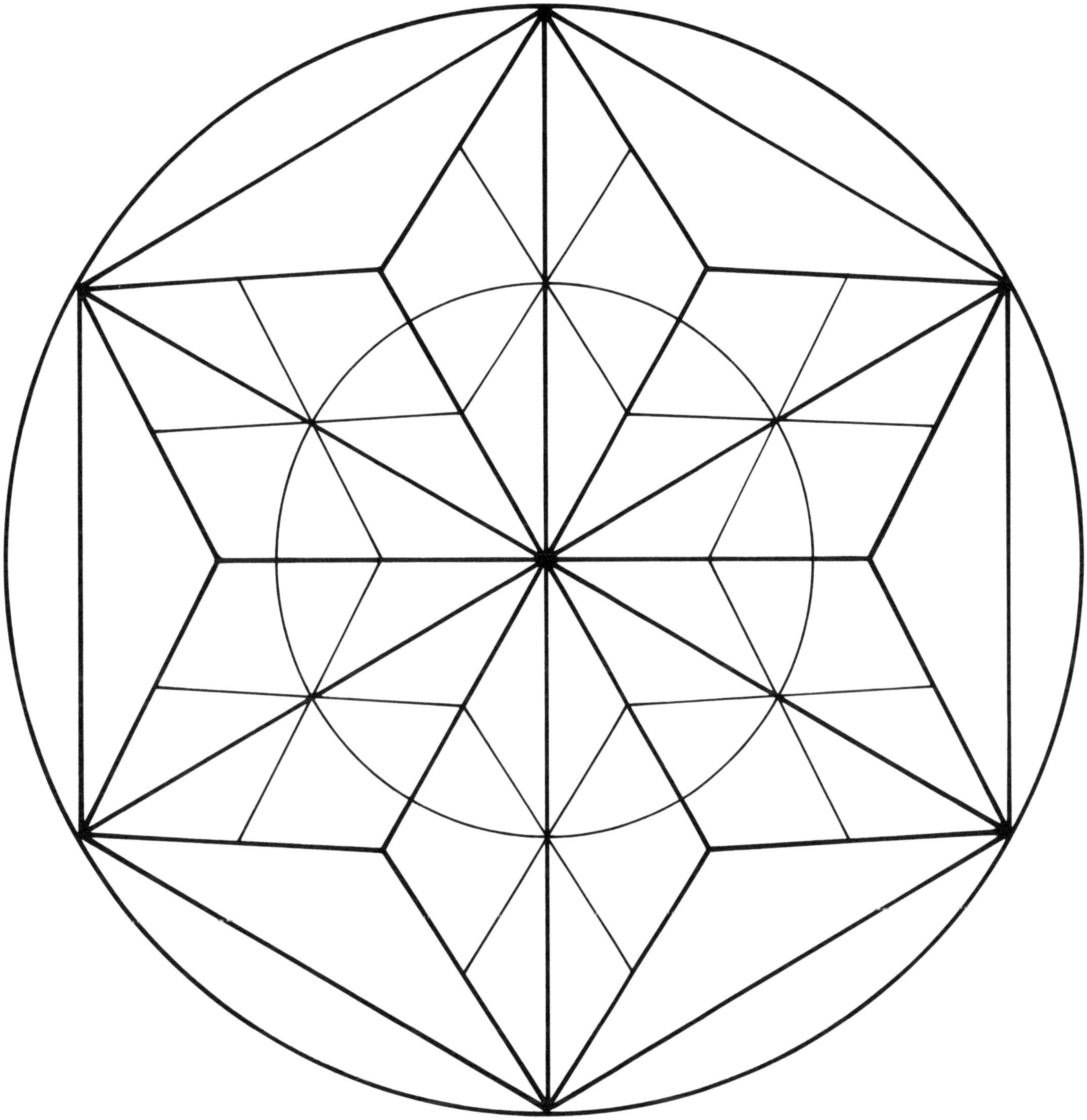

Bild 11

Bild 12

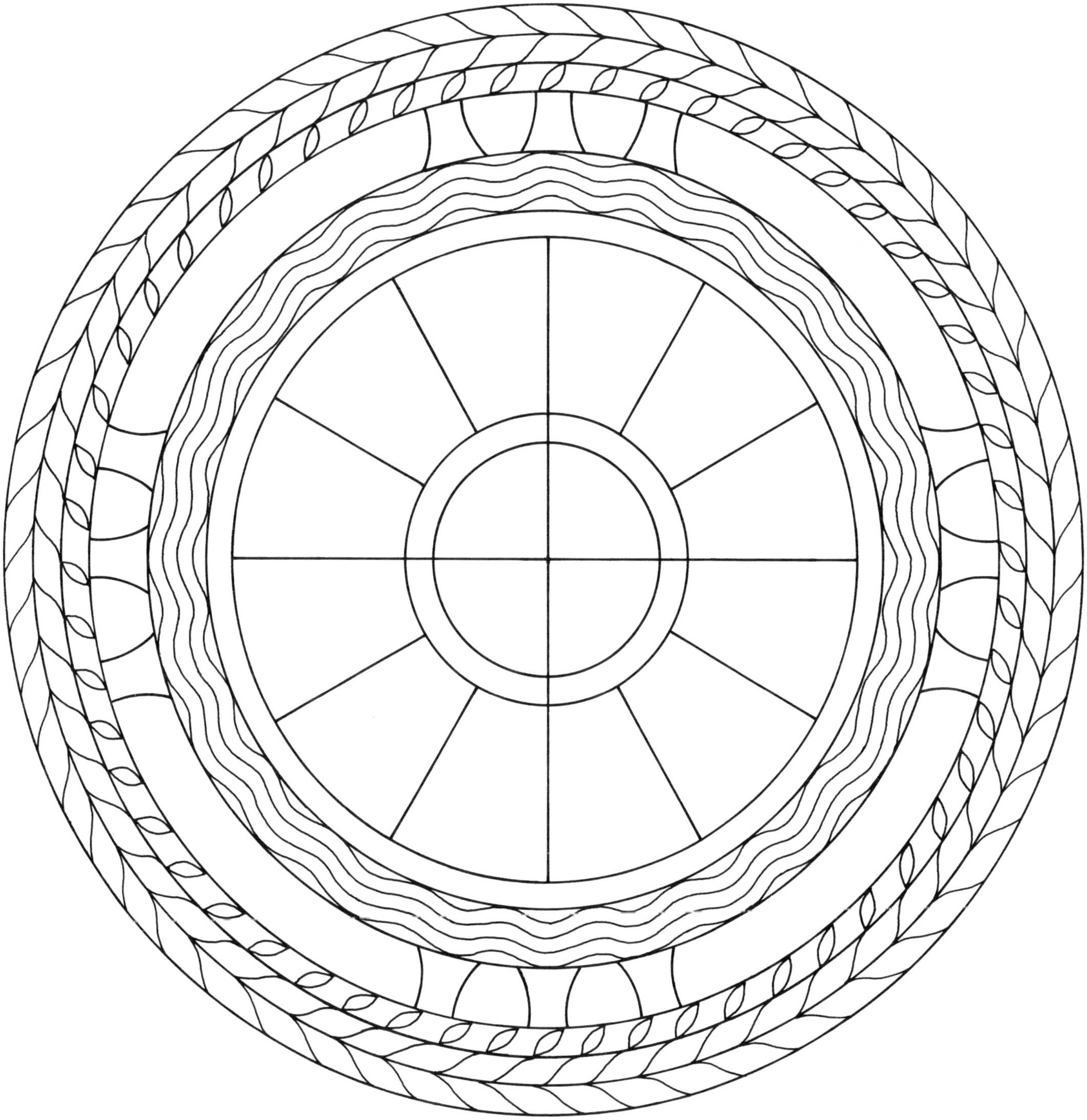

Bild 13

Bild 14

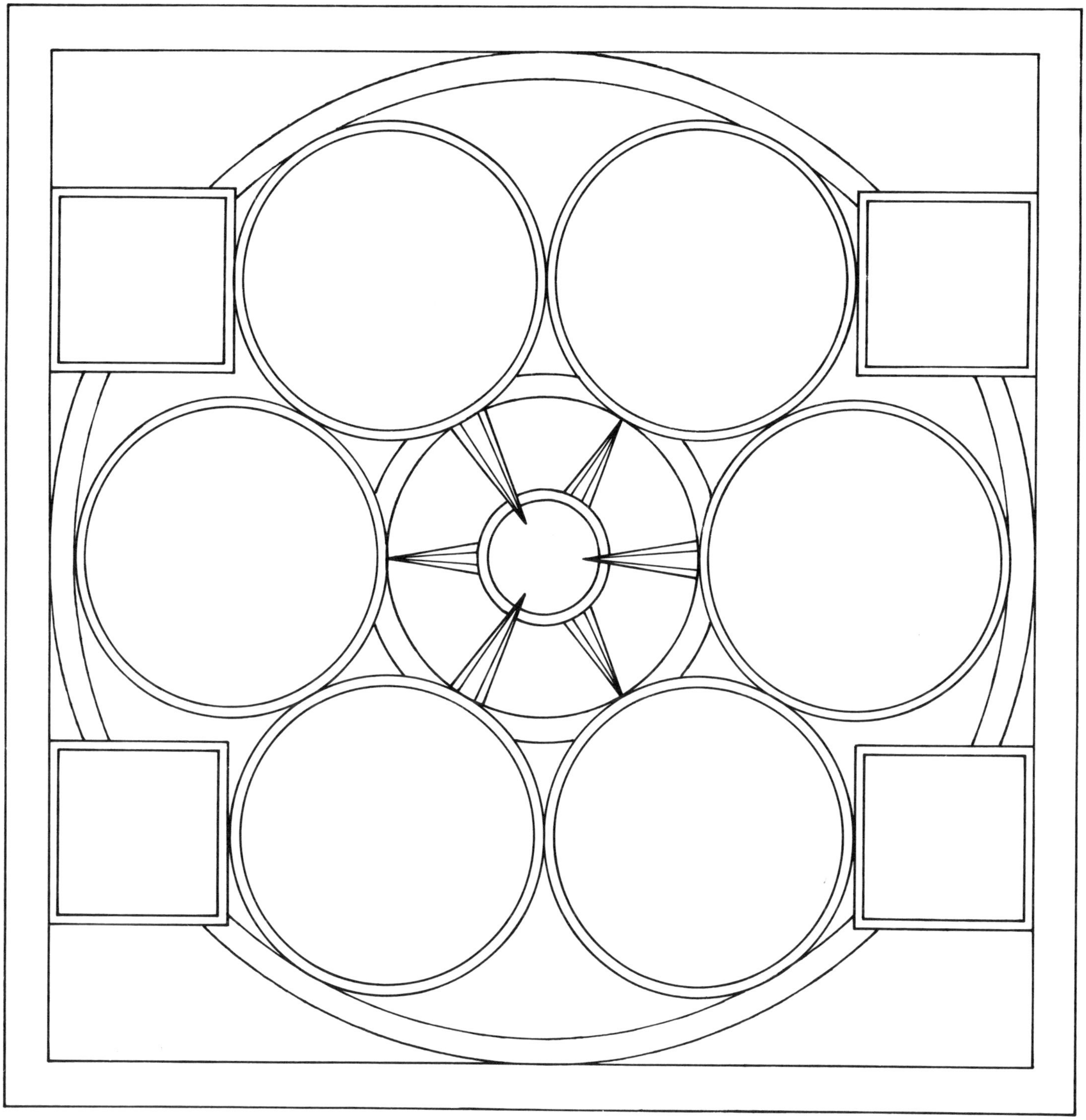

Bild 15

Bild 16

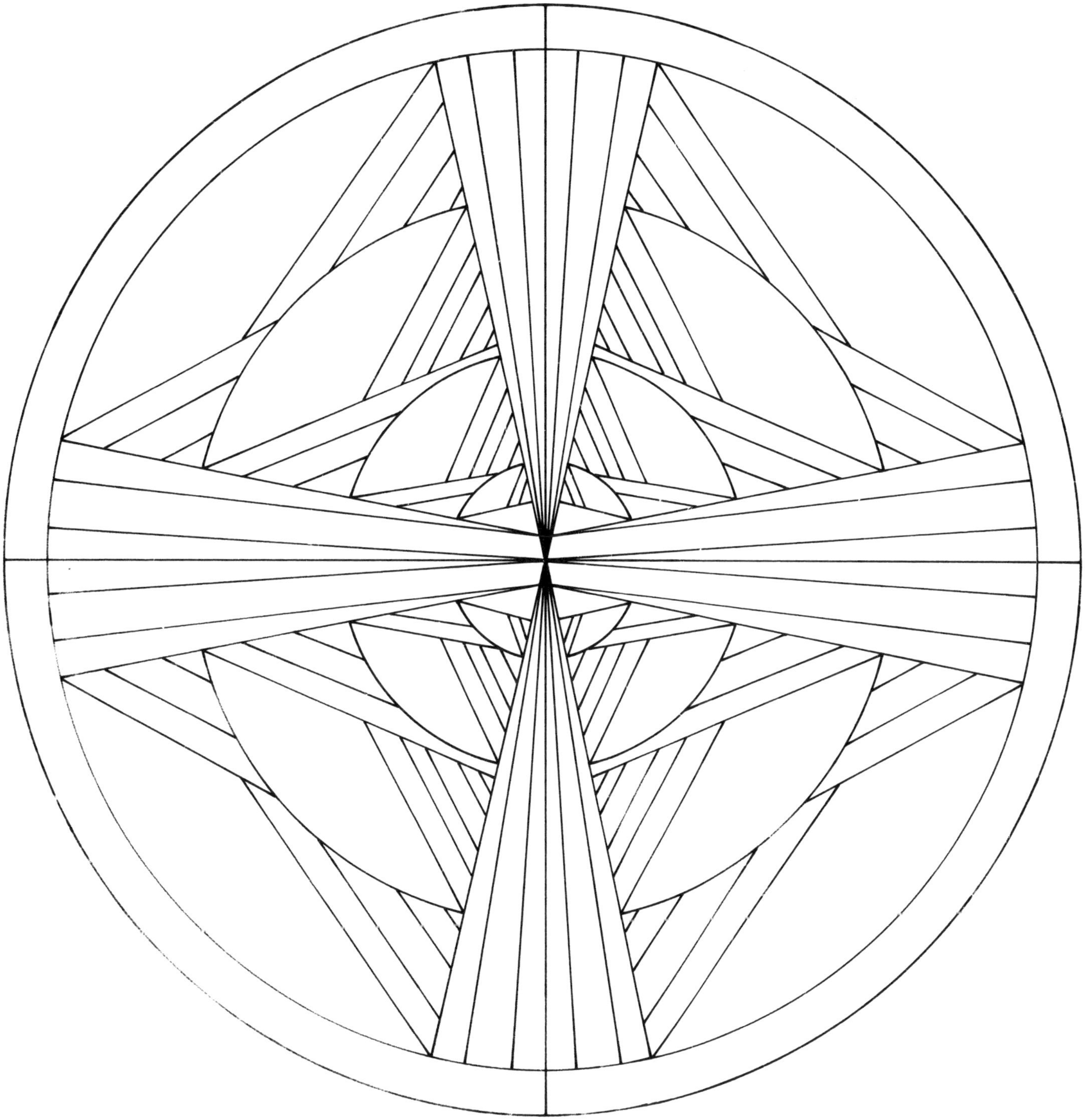

Bild 17

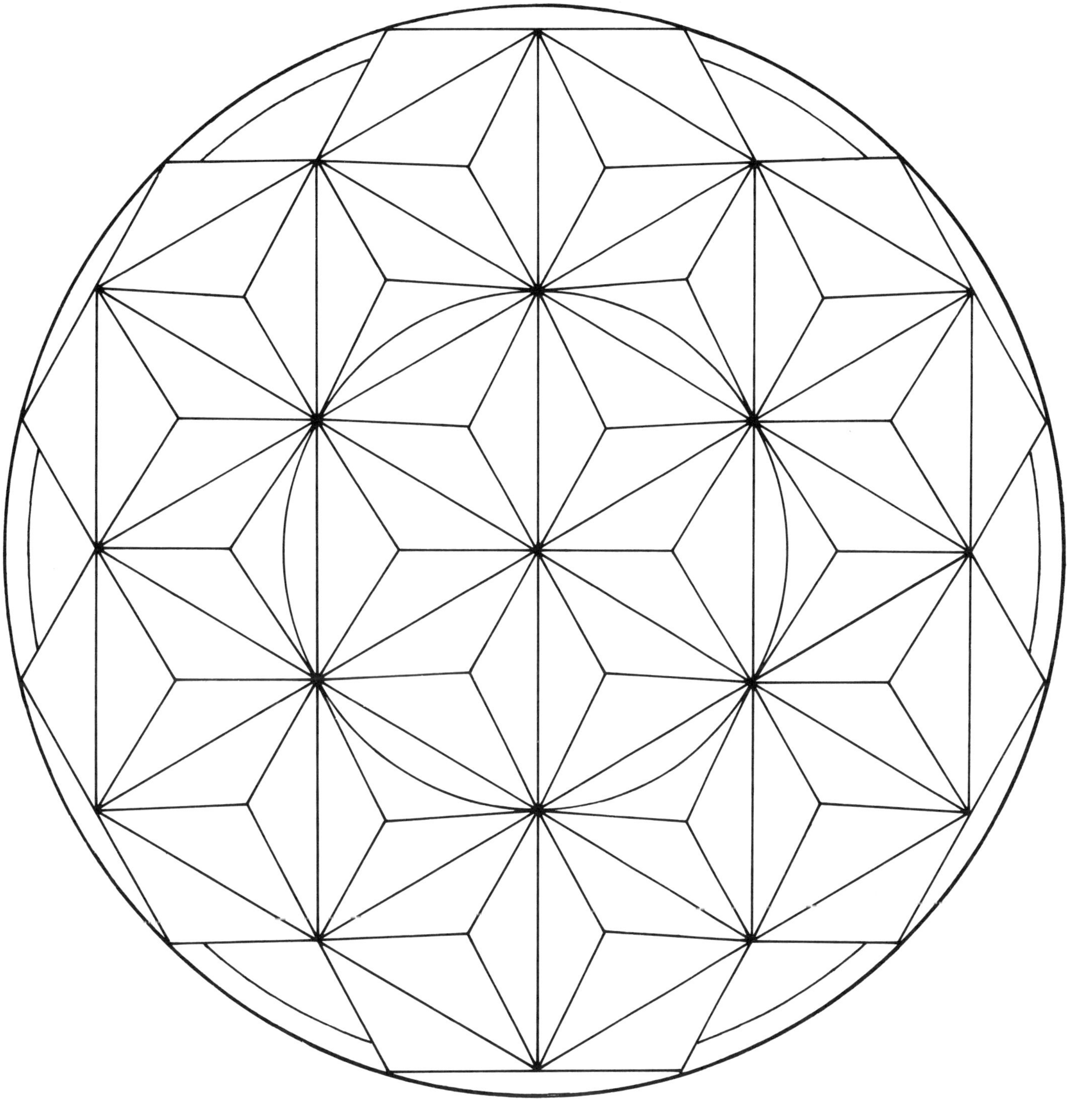

Bild 18

Bild 19

Bild 20

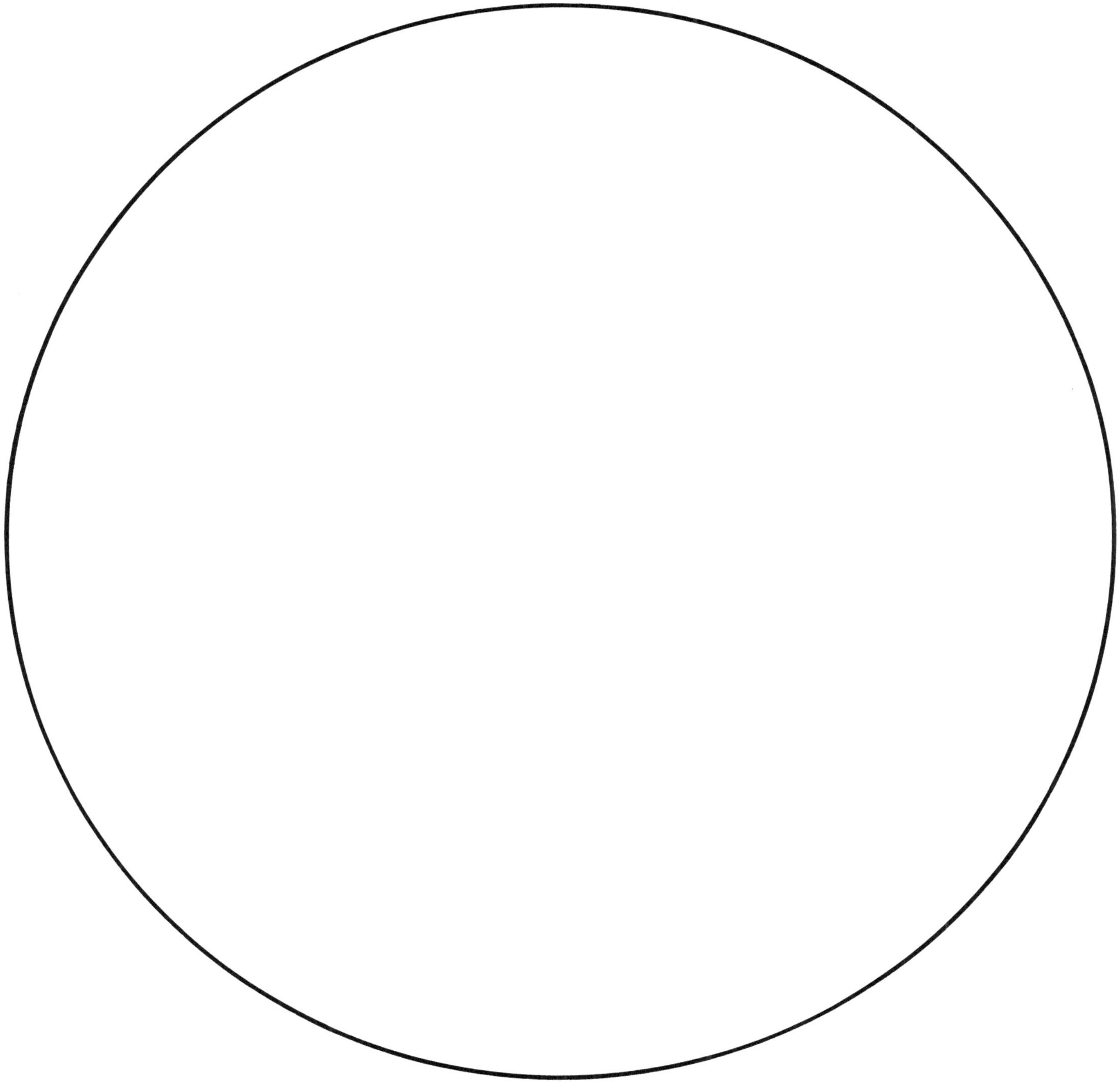

Bild 21